服务业清洁生产培训系列教材

汽车维修与拆解行业清洁生产培训教材

李晓丹　蒋　彬　于承迎　等编著

化学工业出版社

·北京·

本书共分 8 章,主要介绍了清洁生产概述,服务业清洁生产现状及发展趋势,汽车维修与拆解行业概况及特点,汽车维修与拆解行业清洁生产审核方法,汽车维修与拆解行业评价指标体系及评价方法,汽车维修与拆解行业清洁生产先进管理经验和技术,汽车维修与拆解行业清洁生产审核案例,北京市汽车维修与拆解行业清洁生产组织模式和促进机制。书后附录中还附有行业政策类和技术类文件,便于读者查阅。

本书旨在促进汽车维修与拆解行业清洁生产工作,提升行业技术水平和管理水平,推动审核单位、咨询服务机构及管理者从不同角度推进清洁生产相关工作,可供从事清洁生产研究的技术人员、管理人员参考,也可供高等学校环境工程及相关专业师生参阅。

图书在版编目(CIP)数据

汽车维修与拆解行业清洁生产培训教材/李晓丹等编著. —北京:化学工业出版社,2018.7

服务业清洁生产培训系列教材

ISBN 978-7-122-32218-0

Ⅰ.①汽… Ⅱ.①李… Ⅲ.①汽车维修业-无污染技术-技术培训-教材 Ⅳ.①U472.31

中国版本图书馆 CIP 数据核字(2018)第 110156 号

责任编辑:刘兴春 刘 婧　　　　　　文字编辑:陈 喆
责任校对:王素芹　　　　　　　　　　装帧设计:韩 飞

出版发行:化学工业出版社(北京市东城区青年湖南街 13 号 邮政编码 100011)
印　　刷:北京京华铭诚工贸有限公司
装　　订:三河市瞰发装订厂
710mm×1000mm 1/16 印张 13 字数 206 千字 2019 年 3 月北京第 1 版第 1 次印刷

购书咨询:010-64518888　　　　　　售后服务:010-64518899
网　　址:http://www.cip.com.cn
凡购买本书,如有缺损质量问题,本社销售中心负责调换。

定　价:68.00 元　　　　　　　　　　　　　　　版权所有　违者必究

《汽车维修与拆解行业清洁生产培训教材》编著人员名单

编著者（排名不分先后）：

李晓丹　蒋　彬　于承迎　宋秀杰
程大军　刘　旭　李　旭　孙　楠
李　靖　李忠武　陈　征

前言 FOREWORD

　　清洁生产，其核心思想是将整体预防的环境战略持续运用于生产过程、产品和服务中，以提高生态效率，并降低对人类和环境的风险，实现节能、降耗、减污、增效的目的。清洁生产代表了环境保护思路从"末端治理"转为"源头控制"，环境保护战略由"被动反应"转变为"主动行动"。

　　自20世纪70年代起，国际社会开始推行清洁生产，把其视为实现人类社会可持续发展的重要方式。清洁生产可以应用到生产过程、产品、服务和废物处置的全生命周期，目前欧盟部分国家、美国、加拿大、日本和中国均在推行清洁生产机制。我国清洁生产工作历经20余年发展，已基本上形成了一套比较完善的清洁生产政策法规体系。目前，全国已建立了20多个省级清洁生产中心，清洁生产成为国家深入推进节能减排工作、促进产业升级、实现经济社会可持续发展的重要途径。

　　北京市自1993年起积极推行清洁生产，结合经济社会发展特点及节能环保工作要求，通过开展清洁生产审核评估、推广清洁生产项目，在全市产业结构优化调整、技术升级改造、节能减排、治理空气污染方面发挥了重要作用。2012年，国家发改委、财政部批准北京市为全国唯一服务业清洁生产试点城市，北京市选取能耗、水耗、污染物排放较高的医疗机构、高等院校、住宿餐饮、商业零售、洗衣、沐浴、商务楼宇、交通运输、汽车维修与拆解、环境及公共设施管理10个重点领域作为试点，探索开展服务业清洁生产工作。经过5年多的探索实践，北京市建立了服务业清洁生产推广体系，制定了服务业10个重点领域清洁生产评价指标体系、推广了一批服务业清洁生产示范项目，取得了较好的环境效益和经济效益，为服务业实现绿色发展提供了支撑。《服务业清洁生产培训系列教材》就是在系统总结北京市服务业清洁生产实践经验基础上编著的，共包括10个分册，分别针对服务业10个重点领域阐述了清洁生产审核方法、先进管理经验和技术等内容，填补了服务业领域清洁生产相关丛书空白。

中国已经连续8年成为世界机动车产销第一大国，目前机动车保有量突破3亿辆，汽车保有量超过2亿辆，相应的汽车维修业市场和汽车拆解规模不断扩大。汽车维修与拆解是汽车产品全生命周期中的重要环节，汽车维修与拆解企业在为消费者提供便捷服务的同时，产生的废气、废水、危险废物等环境问题不容忽视。

当前，国家把治理大气污染和改善环境生态作为经济社会发展的重要内容之一。随着《大气污染防治行动计划》《"十三五"挥发性有机物污染防治工作方案》等环境政策方案的强化实施，对汽车维修行业工艺升级、污染减排、绿色发展提出了越来越高的要求。针对汽车拆解行业，国家质量监督检验检疫总局、环境保护部（现生态环境部）先后发布了《报废汽车回收拆解企业技术规范》《报废机动车拆解环境保护技术规范》等文件，对汽车拆解企业的硬件设施、生产工艺、污染控制等方面进行了规范。

本书在汽车维修与拆解行业清洁生产试点工作的基础上，系统总结了汽车维修与拆解行业清洁生产审核方法、评价指标体系、实践案例、清洁生产技术、管理经验及清洁生产推广模式，为促进汽车维修与拆解行业绿色、可持续发展提供了技术支持。希望本书能有效指导汽车维修与拆解企业开展清洁生产，推动汽车维修与拆解行业健康、绿色发展。

本书由长期工作在清洁生产一线的专业技术人员、管理人员及节能环保专家共同完成。在编著过程中，部分汽车维修与拆解企业、清洁生产咨询机构为本书提供了大量数据、图片和资料；在成稿过程中得到北京市环境保护科学研究院宋秀杰、程大军、刘旭等同仁的大力支持；此外，还得到了北京节能环保中心李旭、孙楠、李靖、李忠武、陈征等同事的帮助，在此一并表示诚挚的谢意。

限于编著者水平及编著时间，书中不足之处在所难免，敬请读者批评指正。

编著者
2018年6月

目录 CONTENTS

第1章 清洁生产概述　　1

1.1 清洁生产的起源 …………………………………… 1
1.2 清洁生产的概念 …………………………………… 3
   1.2.1 什么是清洁生产 …………………………………… 3
   1.2.2 为什么要推行清洁生产 …………………………… 4
   1.2.3 如何实施清洁生产 ………………………………… 6
1.3 我国清洁生产实践 ………………………………… 6
1.4 北京市清洁生产实践 ……………………………… 8
参考文献 ………………………………………………… 10

第2章 服务业清洁生产现状及发展趋势　　11

2.1 服务业清洁生产的意义和目的 …………………… 11
2.2 服务业清洁生产现状 ……………………………… 15
2.3 服务业清洁生产前景 ……………………………… 16
参考文献 ………………………………………………… 17

第3章 汽车维修与拆解行业概况及特点　　18

3.1 汽车维修行业概况及特点 ………………………… 18
   3.1.1 汽车维修行业典型服务流程 ……………………… 18
   3.1.2 北京市汽车维修行业现状 ………………………… 21
   3.1.3 汽车维修行业的特点 ……………………………… 23
   3.1.4 汽车维修行业的运营概况 ………………………… 24
   3.1.5 汽车维修行业的水和能源利用现状 ……………… 25

3.1.6　汽车维修过程污染源分析 …………………… 26
　3.2　汽车拆解行业概况及特点 …………………………… 31
　　3.2.1　汽车拆解行业典型服务流程 …………………… 31
　　3.2.2　国内汽车拆解行业现状 ………………………… 33
　　3.2.3　汽车拆解行业的特点 …………………………… 34
　　3.2.4　汽车拆解行业的运营概况 ……………………… 34
　　3.2.5　汽车拆解行业的资源能源利用现状 …………… 35
　　3.2.6　汽车拆解行业生产过程污染源分析 …………… 35
　　3.2.7　汽车拆解行业存在的问题 ……………………… 37
　　3.2.8　汽车拆解行业的发展趋势 ……………………… 39
　3.3　汽车维修与拆解行业清洁生产潜力 ………………… 40
　　3.3.1　提高技术装备水平，减少资源浪费和环境
　　　　　污染 ……………………………………………… 40
　　3.3.2　汽车维修废旧配件再利用，减轻环境污染，
　　　　　节约资源 ………………………………………… 40
　　3.3.3　推进汽车拆解废旧零件再制造，提高资源利
　　　　　用价值 …………………………………………… 41
参考文献 ……………………………………………………… 41

第4章　汽车维修与拆解行业清洁生产审核方法　　43

　4.1　清洁生产审核概述 …………………………………… 43
　　4.1.1　清洁生产审核的概念 …………………………… 43
　　4.1.2　清洁生产审核原理 ……………………………… 44
　　4.1.3　清洁生产审核程序 ……………………………… 45
　4.2　审核准备阶段工作要点 ……………………………… 46
　4.3　预审核阶段技术要求 ………………………………… 47
　　4.3.1　目的及要求 ……………………………………… 47
　　4.3.2　现状分析 ………………………………………… 48
　　4.3.3　现状调研方法 …………………………………… 50
　　4.3.4　清洁生产水平评价和政策符合性分析 ………… 51

4.3.5　确定审核重点 ………………………………… 52
　　4.3.6　设置清洁生产目标 …………………………… 52
4.4　审核阶段技术要求 …………………………………… 53
　　4.4.1　目的与要求 …………………………………… 53
　　4.4.2　工作内容 ……………………………………… 53
4.5　方案产生与筛选阶段工作要点 ……………………… 57
　　4.5.1　目的与要求 …………………………………… 57
　　4.5.2　工作内容 ……………………………………… 57
　　4.5.3　常见清洁生产方案 …………………………… 58
4.6　实施方案确定阶段技术要求 ………………………… 59
　　4.6.1　目的与要求 …………………………………… 59
　　4.6.2　工作内容 ……………………………………… 59
4.7　方案实施阶段技术要求 ……………………………… 60
　　4.7.1　目的与要求 …………………………………… 60
　　4.7.2　工作内容 ……………………………………… 60
4.8　持续清洁生产阶段技术要求 ………………………… 60
　　4.8.1　目的与要求 …………………………………… 60
　　4.8.2　工作内容 ……………………………………… 61
4.9　清洁生产审核清单 …………………………………… 61
参考文献 ……………………………………………………… 65

第5章　汽车维修与拆解行业评价指标体系及评价方法　66

5.1　指标体系概述 ………………………………………… 66
5.2　指标体系技术内容 …………………………………… 66
　　5.2.1　标准框架 ……………………………………… 66
　　5.2.2　技术内容 ……………………………………… 72
5.3　指标体系技术依据 …………………………………… 72
　　5.3.1　汽车维修行业技术内容确定依据 …………… 72
　　5.3.2　汽车拆解行业技术内容确定依据 …………… 84

5.4 评价指标体系应用 ……………………………………… 90
   5.4.1 应用案例一 ………………………………………… 90
   5.4.2 应用案例二 ………………………………………… 97
参考文献 ……………………………………………………… 97

第6章 汽车维修与拆解行业清洁生产先进管理经验和技术　　98

6.1 清洁生产先进的管理理念和方法 ……………………… 98
   6.1.1 汽车维修行业 ……………………………………… 98
   6.1.2 汽车拆解行业 ……………………………………… 99
6.2 汽车维修清洁生产先进技术 …………………………… 100
   6.2.1 节水技术 …………………………………………… 101
   6.2.2 节能技术 …………………………………………… 102
   6.2.3 环保技术 …………………………………………… 108
6.3 汽车拆解清洁生产先进技术 …………………………… 117
   6.3.1 电弧焊切割技术 …………………………………… 118
   6.3.2 机械化或自动化拆解技术 ………………………… 118
   6.3.3 提倡汽车可拆解性设计 …………………………… 118
6.4 废物处理处置技术 ……………………………………… 119
   6.4.1 分类 ………………………………………………… 119
   6.4.2 收集 ………………………………………………… 120
   6.4.3 管理 ………………………………………………… 121
   6.4.4 利用 ………………………………………………… 122
6.5 典型清洁生产方案 ……………………………………… 122
   6.5.1 油性涂料改水性涂料方案 ………………………… 122
   6.5.2 烤漆房密闭化改造方案 …………………………… 123
   6.5.3 喷烤漆房废气处理改造 …………………………… 124
   6.5.4 VOCs治理方案 …………………………………… 126
   6.5.5 污水处理及中水回用系统 ………………………… 133
   6.5.6 危废贮存设施规范化改造方案 …………………… 135
参考文献 ……………………………………………………… 136

第 7 章　汽车维修与拆解行业清洁生产审核案例　　138

7.1　汽车维修行业清洁生产审核案例一…………… 138
7.1.1　企业基本情况 ……………………………… 138
7.1.2　预审核 ……………………………………… 138
7.1.3　审核 ………………………………………… 143
7.1.4　审核方案的产生与筛选 …………………… 145
7.1.5　中/高费方案可行性分析 ………………… 146
7.1.6　实施效果分析 ……………………………… 147
7.1.7　持续清洁生产 ……………………………… 147

7.2　汽车维修行业清洁生产审核案例二…………… 147
7.2.1　企业基本情况 ……………………………… 147
7.2.2　预审核 ……………………………………… 148
7.2.3　审核 ………………………………………… 153
7.2.4　审核方案的产生与筛选 …………………… 156
7.2.5　中/高费方案可行性分析 ………………… 157
7.2.6　实施效果分析 ……………………………… 162
7.2.7　持续清洁生产 ……………………………… 162

7.3　汽车拆解行业清洁生产审核案例三…………… 162
7.3.1　企业基本情况 ……………………………… 162
7.3.2　预审核 ……………………………………… 163
7.3.3　审核 ………………………………………… 167
7.3.4　审核方案的产生与筛选 …………………… 168
7.3.5　中/高费方案可行性分析 ………………… 169
7.3.6　实施效果分析 ……………………………… 170
7.3.7　持续清洁生产 ……………………………………… 171

第 8 章　北京市汽车维修与拆解行业清洁生产组织模式和促进机制　　172

8.1　清洁生产组织模式 ……………………………… 172

  8.1.1　健全政策标准体系 …………………………… 172
  8.1.2　完善审核方法体系 …………………………… 173
  8.1.3　构筑组织实施体系 …………………………… 174
  8.1.4　搭建市场服务体系 …………………………… 174
  8.1.5　夯实基础支撑体系 …………………………… 176
  8.1.6　创建示范引导体系 …………………………… 177
 8.2　清洁生产鼓励政策及约束机制 ………………………… 177
  8.2.1　鼓励政策 ……………………………………… 177
  8.2.2　约束机制 ……………………………………… 178
参考文献 ………………………………………………………… 179

附录　行业政策类文件和技术类文件　181

 附录1　政策类文件 ……………………………………… 181
  附录1.1　《关于促进汽车维修业转型升级　提升服务质量的指导意见》 ……………………………… 181
  附录1.2　《北京市环境保护局关于加强机动车维修和拆解企业危险废物管理工作的通知》…… 182
  附录1.3　《北京市大气污染防治条例》 ……………… 183
  附录1.4　《湖北省机动车维修业管理办法》 ………… 183
  附录1.5　《广州市机动车维修管理规定》 …………… 183
  附录1.6　《关于加强机动车维修与拆解行业危险废物管理的通知》 ……………………………… 184
 附录2　技术类文件 ……………………………………… 184
  附录2.1　《汽车维修业开业条件　第1部分：汽车整车维修企业》 ………………………………… 184
  附录2.2　《汽车维修业开业条件　第2部分：汽车综合小修及专项维修业户》 ………………… 185
  附录2.3　《汽车维修业水污染物排放标准》 ………… 185
  附录2.4　《工业企业厂界环境噪声排放标准》 ……… 187
  附录2.5　《报废机动车拆解环境保护技术规范》 …… 188
  附录2.6　《汽车维修业大气污染物排放标准》 ……… 189

附录 2.7 《公共生活取水定额 第 7 部分：洗车》 ………………………… 190

附录 2.8 《机动车维修业开业条件 第 1 部分：汽车整车维修企业》 191

附录 2.9 《机动车维修业开业条件 第 2 部分：汽车快修业户》 …………………… 191

附录 2.10 《机动车维修业开业条件 第 4 部分：危险货物运输车辆维修企业》 ……… 192

附录 2.11 《机动车维修业开业条件 第 5 部分：摩托车维修业户》 …………………… 192

附录 2.12 《汽车维修业污染防治技术规范》 ……… 193

第 1 章 清洁生产概述

1.1 清洁生产的起源

清洁生产（cleaner production）是一种为节约资源和保护环境而采取的综合预防战略，是在回顾和总结工业化实践的基础上提出的，是社会经济发展和环境保护对策演变到一定阶段的必然结果。清洁生产是人们思想和观念的一种转变，是环境保护战略由"被动反应"向"主动行动"的一种转变。它综合考虑了生产、服务和消费过程中的环境风险、资源和环境容量、成本和经济效益。与以往不同的是，清洁生产突破了过去以"末端治理"为主的环境保护对策的局限，将污染预防纳入产品设计、生产过程和所提供的服务之中，是实现经济与环境协调发展的重要手段。

工业化初期，由于人们对自然资源与能源的合理利用缺乏认识，对污染控制技术缺乏了解，采用粗放型的生产方式，片面追求经济的快速跃进，造成自然资源与能源的巨大浪费。部分工业废气、废水和废渣主要靠自然环境的自身稀释和自净能力进行消化，对排放的污染物数量和毒性缺乏管理，造成了污染物在不同环境介质中转移，加大了环境污染范围和人群健康危害，随着工业化进程推进、对自然了解逐渐深入、科学技术逐步发展，人们开始思考在污染物产生源头减少其产生量的办法来解决环境污染问题。

清洁生产概念最早可追溯到 1976 年。当年欧共体（现欧盟）在巴黎举行"无废工艺和无废生产国际研讨会"，会上提出"消除造成污染的根源"的思想；1979 年 4 月欧共体理事会宣布推行清洁生产政策；1984 年、1985

年、1987年欧共体环境事务委员会三次拨款支持建立清洁生产示范工程。

进入20世纪80年代以后，随着工业的发展，全球性的环境污染和生态破坏越来越严重，能源和资源的短缺也日益困扰着人们。在经历了几十年的末端处理之后，美国等发达国家重新审视环境保护历程，虽然大气污染控制、水污染控制以及固体和有害废物处置方面均已取得显著进展，空气、水环境质量等明显改善，但全球气候变暖、臭氧层破坏等环境问题仍令人望而生畏。人们认识到，仅依靠实施污染治理所能实现的环境改善是有限的，关心产品和其生产过程对环境的影响，依靠改进生产工艺和加强管理等措施来消除污染可能更为有效。

1989年5月，联合国环境规划署工业与环境规划活动中心（UNEP IE/PAC）根据UNEP理事会会议的决议，制订了《清洁生产计划》，在全球范围内推进清洁生产。该计划的主要内容之一为组建两类工作组：一类为制革、造纸、纺织、金属表面加工等行业清洁生产工作组；另一类则是组建清洁生产政策及战略、数据网络、教育等业务工作组。该计划还强调要面向政界、工业界、学术界人士，提高清洁生产意识，教育公众，推进清洁生产行动。1992年6月，在巴西里约热内卢的"联合国环境与发展大会"上通过了《21世纪议程》，该议程号召工业提高能效，更新替代对环境有害的产品和原料，推动实现工业可持续发展。

20世纪90年代初，经济合作与发展组织（OECD）（以下简称经合组织）在许多国家采取不同措施鼓励采用清洁生产技术。例如在联邦德国，将70%投资用于清洁工艺的工厂可以申请减税。在英国，税收优惠政策是推动风力发电增长的原因。自1995年以来，经合组织国家的政府开始把环境战略针对产品，引进生命周期分析，以确定在产品寿命周期中的哪一个阶段有可能削减或替代原材料投入和以最低费用消除污染物和废物。这一战略刺激和引导了生产商和制造商以及政府政策制定者去寻找更多途径来实现清洁生产。

美国、荷兰、丹麦等发达国家在清洁生产立法、机构建设、科学研究、信息交换、示范项目等领域取得明显成就。发达国家清洁生产政策有两个重要倾向：一是着眼点从清洁生产技术逐渐转向产品全生命周期；二是从多年前大型企业在获得财政支持和其他种类对工业的支持方面拥有优先权转变为更重视扶持中小企业进行清洁生产，包括提供财政补贴、项目支持、技术服务和信息等措施。

自 1990 年以来，联合国环境署先后在坎特伯雷、巴黎、华沙、牛津、首尔、蒙特利尔举办了六次国际清洁生产高级研讨会。在 1998 年 10 月首尔第五次国际清洁生产高级研讨会上，出台了《国际清洁生产宣言》，包括 13 个国家的部长及其他高级代表和 9 位公司领导人在内的 64 位代表共同签署了《国际清洁生产宣言》。《国际清洁生产宣言》签署的主要目的是提高公共部门和私有部门中关键决策者对清洁生产战略的理解，它也将激发对清洁生产咨询服务更广泛的需求。《国际清洁生产宣言》是对作为一种环境管理战略的清洁生产的公开承诺。

　　当前，全球面临着环境风险不断增长、气候变化异常、生态环境质量恶化以及资源能源制约等多重挑战，清洁生产理念已经从工业生产向社会服务、农业及社会生活渗入。生态设计、产品全生命周期控制、废物资源化利用等将成为今后清洁生产的发展方向，并将影响到人们日常生活的方方面面。

1.2　清洁生产的概念

1.2.1　什么是清洁生产

　　清洁生产是人们思想和观念的一种转变，是环境保护战略由被动反应向主动行动的一种转变。联合国环境规划署在总结了各国开展的污染预防活动，并加以分析提炼后，提出了清洁生产的定义，其定义如下。

　　"清洁生产是一种新的创造性的思想，该思想将整体预防的环境战略持续应用于生产过程、产品和服务中，以增加生态效率和减少人类及环境的风险。

　　——对生产过程，节约原材料和能源，淘汰有毒原材料，减少废物的数量和毒性；

　　——对产品，减少从原材料提炼到产品最终处置的全生命周期的不利影响；

　　——对服务，将环境因素纳入设计和所提供的服务中。"

　　《中华人民共和国清洁生产促进法》对清洁生产的定义如下：清洁生产是指不断采取改进设计、使用清洁的能源和原料、采取先进的工艺技术与设备、改善管理、综合利用等措施,从源头削减污染,提高资源利用效率,减少或者避免生产、服务和产品使用过程中污染物的产生和排放,以减轻或者消除对人类健康和环境的危害。

清洁生产是一种全新的环境保护战略,是从单纯依靠末端治理逐步转向过程控制的一种转变。清洁生产从生态-经济两大系统的整体优化出发,借助各种相关理论和技术,在产品的整个生命周期的各个环节采取战略性、综合性、预防性措施,将生产技术、生产过程、经营管理及产品等与物流、能量、信息等要素有机结合起来并优化其运行方式,从而实现最小的环境影响、最少的资源能源使用、最佳的管理模式以及最优化的经济增长水平,最终实现经济的可持续发展。

传统的经济发展模式不注重资源的合理利用和回收利用,大量、快速消耗资源,对人类健康和环境造成危害。清洁生产注重将综合预防的环境战略持续地应用到生产过程、产品和服务中,以减少对人类和环境的风险。

具体来说,清洁生产主要包括三个方面的含义:一是自然资源的合理利用,即要求投入最少的原材料和能源,生产出尽可能多的产品,提供尽可能多的服务,包括最大限度地节约能源和原材料、利用可再生能源或清洁能源、利用无毒无害原材料、减少使用稀有原材料、循环利用物料等措施;二是经济效益最大化,即通过节约能源、降低损耗、提高生产效益和产品质量,达到降低生产成本、提升企业竞争力的目的;三是对人类健康和环境的危害最小化,即通过最大限度减少有毒有害物料的使用、采用无废或者少废技术和工艺、减少生产过程中的各种危险因素、废物的回收和循环利用、采用可降解材料生产产品和包装、合理包装以及改善产品功能等措施,实现对人类健康和环境的危害最小化。

1.2.2 为什么要推行清洁生产

1.2.2.1 推行清洁生产是可持续发展战略的要求

1992年在巴西里约热内卢召开的联合国环境与发展大会是世界各国对环境和发展问题的一次联合行动。会议通过的《21世纪议程》制订了可持续发展的重大行动计划,可持续发展已取得各国的共识。

《21世纪议程》将清洁生产看作是实现持续发展的关键因素,号召工业提高能效，开发更清洁的技术，更新、替代对环境有害的产品和原材料，实现环境和资源的保护和有效管理。

1.2.2.2 推行清洁生产是控制环境污染的有效手段

自1972年斯德哥尔摩联合国人类环境会议以后，虽然国际社会为保护环境做出了很大努力，但环境污染和自然环境恶化的趋势并未得到有效控制。与此同时，气候变化、臭氧层破坏、海洋污染、生物多样性损失和生态环境恶化等全球性环境问题的加剧，对人类的生存和发展构成了严重的威胁。

造成全球环境问题的原因是多方面的，其中以被动反应为主的"先污染后治理"的环境管理体系存在严重缺陷，人类为之付出了沉重代价。

清洁生产彻底改变了过去被动的污染控制手段，强调在污染产生之前就予以削减，即在生产和服务过程中减少污染物的产生和对环境的影响。实践证明，这一主动行动具有效率高、较末端治理花费少、容易被企业接受等特点。

1.2.2.3 推行清洁生产可大幅降低末端处理负担

末端处理是控制污染的重要手段之一，对保护环境起着极为重要的作用，如果没有它，今天的地球可能早已面目全非，但人们也因此付出了高昂的代价。

清洁生产可以减少甚至在某些情形下消除污染物的产生。这样不仅可以减少末端处理设施的建设投资，而且可以减少日常运行费用。

1.2.2.4 推行清洁生产可提高企业的市场竞争力

清洁生产有助于提高管理水平，节能、降耗、减污、增效，从而降低生产成本，提高经济效益。同时，清洁生产还可以树立企业形象，促使公众支持其产品。

随着全球性环境污染问题的日益加剧和能源、资源耗竭对可持续发展的威胁以及公众环境意识的提高，一些发达国家和地区认识到进一步预防和控制污染的有效途径是加强产品及其生产过程以及服务的环境管理。欧共体于1993年公布了《工业企业自愿参加环境管理和环境审核联合体系的规则》

(EMAS)，并于1995年4月实施；英国于1994年颁布了BS7750环境管理；加拿大、美国等国家也制定了相应的标准。国际标准化组织（ISO）于1993年6月成立了环境管理技术委员会（TC207），通过制定和实施一套环境管理的国际标准（ISO 14000）规范企业和社会团体等组织的环境行为，以达到节省资源，减少环境污染，改善环境质量，促进经济持续、健康发展的目的。由此可见，推行清洁生产可对环境保护和企业的生产与销售均产生重大影响，直接关系到其市场竞争力。

1.2.3 如何实施清洁生产

政府层面，推行清洁生产应采取以下措施：
① 完善法律法规，制定经济激励政策以鼓励企业推行清洁生产；
② 制定标准规范，指导企业推行清洁生产；
③ 开展宣传培训，提高全社会清洁生产意识；
④ 优化产业结构；
⑤ 支持清洁生产技术研发，建立清洁生产示范项目；
⑥ 壮大节能环保服务产业，提高清洁生产技术服务能力等。

企业层面，推行清洁生产应采取以下措施：
① 制订清洁生产战略计划；
② 加强员工清洁生产培训；
③ 开展产品（服务）生态设计；
④ 应用清洁生产技术装备；
⑤ 提高资源能源利用效率；
⑥ 开展清洁生产审核等。

1.3 我国清洁生产实践

我国清洁生产的形成和发展经历了三个阶段。

（1）引进阶段（1989～1992年）

1992年，中国积极响应联合国可持续发展战略和《21世纪议程》倡导的清洁生产号召，将推行清洁生产列入《环境与发展十大对策》，由此正式拉开了中国实施清洁生产的序幕。1992年5月，国家环保局与联合国环境署联合在中国举办了第一次国际清洁生产研讨会,首次推出"中国清洁生产行动计划(草案)"。

(2) 试点示范阶段(1993~2002年)

1993年10月,在第二次全国工业污染防治会议上,国务院、国家经贸委及国家环保局明确了清洁生产在我国工业污染防治中的地位。

1994年,《中国21世纪议程》将清洁生产列为优先领域。

1999年,《关于实施清洁生产示范试点的通知》选择北京等10个城市作为清洁生产试点城市,选择石化等5个行业作为清洁生产试点行业。

(3) 建章立制及全面推广阶段(2003年至今)

2002年6月,第九届全国人大常委会第二十八次会议审议通过《中华人民共和国清洁生产促进法》(以下简称《清洁生产促进法》),于2003年1月1日起施行。《清洁生产促进法》的颁布使清洁生产纳入法制化轨道。为了全面贯彻实施《清洁生产促进法》,国家发改委会同国家环保总局联合下发了《清洁生产审核暂行办法》。

2005年至今,《重点企业清洁生产审核程序的规定》《关于进一步加强重点企业清洁生产审核工作的通知》《关于深入推进重点企业清洁生产的通知》等促进了我国清洁生产工作的深入开展。

2004年10月,财政部发布《中央补助地方清洁生产专项资金使用管理办法》,由中央财政预算安排用于支持重点行业中小企业实施清洁生产,重点支持石化、冶金、化工、轻工、纺织、建材等行业。2009年10月,财政部与工信部联合发布《中央财政清洁生产专项资金管理暂行办法》,中央财政预算安排的,专项用于补助和事后奖励清洁生产技术示范项目。

2011年3月,《中华人民共和国国民经济和社会发展第十二个五年规划纲要》提出:加快推行清洁生产,在农业、工业、建筑、商贸服务等重点领域推进清洁生产示范,从源头和全过程控制污染物的产生和排放,降低资源消耗。

2011年12月,《国家环境保护"十二五"规划》提出:大力推行清洁生产和发展循环经济,提高造纸、印染、化工、冶金、建材、有色、制革等行业污染物排放标准和清洁生产评价指标。

2011年12月,《工业转型升级规划(2011—2015年)》提出:健全激励与约束机制,推广应用先进节能减排技术,推进清洁生产。促进工业清洁生产和污染治理，以污染物排放强度高的行业为重点，加强清洁生产审核，组织编制清洁生产推行方案、实施方案和评价指标体系。在重点行业开展共性、关键清洁生产技术应用示范，推动实施一批重大清洁生产技术改造项目。

2012年8月，《节能减排"十二五"规划》提出：以钢铁、水泥、氮肥、造纸等行业为重点，大力推行清洁生产，加快重大、共性技术的示范和推广，完善清洁生产评价指标体系，开展工业产品生态设计、农业和服务业清洁生产试点。

2012年2月29日，第十一届全国人民代表大会常务委员会第二十五次会议通过《关于修改〈中华人民共和国清洁生产促进法〉的决定》。

随着《中华人民共和国清洁生产促进法》的修订实施，各省（区、市）根据本地区的实际情况，颁布实施了《清洁生产审核暂行办法实施细则》等地方推行清洁生产的政策法规，天津、云南等地还颁布了《清洁生产条例》。

2016年5月16日，为落实《中华人民共和国清洁生产促进法》（2012年），进一步规范清洁生产审核程序，更好地指导地方和企业开展清洁生产审核，国家发展改革委、环境保护部对《清洁生产审核暂行办法》进行了修订，发布《清洁生产审核办法》。

1.4 北京市清洁生产实践

北京市清洁生产的形成和发展分为三个阶段。

（1）试点示范阶段（1993～2004年）

在此期间，北京市引进清洁生产思想、知识和方法。在世界银行"推进清洁生产"的支持下，北京红星股份有限公司等企业实施清洁生产审核。

（2）快速发展阶段（2005～2009年）

在此期间，北京市积极组织清洁生产潜力调研，建立健全政策法规体系。14个行业近200家企业开展清洁生产审核。

2007年5月，北京市财政局、发改委、工业促进局和环保局联合制定了《北京市支持清洁生产资金使用办法》，在整合中小企业专项资金、固定资产投资资金和排污收费资金的基础上，统筹建立了清洁生产专项资金支持渠道。

第1章 清洁生产概述

(3) 探索新领域阶段（2010年至今）

在此期间，根据产业结构特点，北京市启动服务业清洁生产审核试点工作，2012年北京市获得国家发改委、财政部批准，成为全国唯一一个服务业清洁生产试点城市，选择在医疗机构、住宿和餐饮业、商业零售业等10个重点领域推行清洁生产。2014年，北京市在农业领域启动清洁生产，在种植、养殖、水产行业推行清洁生产，并推进示范项目。至此，北京市清洁生产工作对第一、第二、第三产业实现了全覆盖，成为推动产业优化升级、转变经济增长方式的有力政策工具。

近年来，北京市与清洁生产相关的政策要求如表1-1所列。

表1-1 北京市与清洁生产相关的政策要求

政策名称	颁布时间	清洁生产相关要求
北京市"十三五"时期环境保护和生态建设规划	2016年12月	(1)石化、汽车制造、机械电子等重点行业,开展强制性清洁生产审核,鼓励开展自愿性清洁生产审核。 (2)到2020年,完成400家以上企业的清洁生产审核,其中强制性审核150家,实现节能降耗减排的全过程管理
北京市"十三五"时期节能降耗及应对气候变化规划	2016年8月	(1)通过政府购买服务方式,开展能源审计、清洁生产审核、碳核查等工作,促进了节能低碳服务业发展。 (2)全面推行清洁生产,完成规模以上工业企业清洁生产审核,扩大服务业清洁生产范围,积极探索大型公共建筑、公共机构和农业领域清洁生产,健全重点行业领域节能、降耗、减污、增效的长效机制。加强清洁生产工作统筹管理和协调推进,修订完善促进清洁生产的有关政策。 (3)支持中央在京单位开展节能低碳技术改造,实施清洁生产项目
北京市国民经济和社会发展第十三个五年规划纲要	2016年3月	(1)深入开展石化、喷涂、汽车修理、印刷等重点行业挥发性有机物治理,实施规模以上工业企业和大型服务企业清洁生产审核。开展餐饮油烟等低矮面源污染专项治理。 (2)大力推行绿色设计和清洁生产,限制产品过度包装,减少生产、运输、消费全过程废弃物产生
《中国制造2025》北京行动纲要	2015年12月	加大推行清洁生产力度,制定重点产业技术改造指南,组织一批能效提升、清洁生产、资源循环利用等技术改造项目,推动企业向智能化、绿色化、高端化方向发展
北京市清洁生产管理办法	2013年11月	明确清洁生产主管部门、工作主要环节、管理要求及资金支持办法

参考文献

[1] 周长波,李梓,刘菁钧,等. 我国清洁生产发展现状、问题及对策[J]. 环境保护,2016,10:27-32.

[2] 孙晓峰,李键,李晓鹏. 中国清洁生产现状及发展趋势探析[J]. 环境科学与管理,2010,11:185-188.

[3] 徐广英,张萍. 清洁生产与可持续发展的必要性分析[J]. 中国资源综合利用,2016,3:44-46.

[4] 李波,邱燕. 清洁生产与循环经济的关系分析[J]. 低碳世界,2016,21:11-12.

第2章 服务业清洁生产现状及发展趋势

2.1 服务业清洁生产的意义和目的

服务业,在我国国民经济核算工作中视同为第三产业。其定义为除农业、工业以外的其他所有产业部门,包括批发和零售业,交通运输、仓储及邮政业,住宿和餐饮业,信息传输、软件和信息技术服务业,金融业,房地产业,租赁和商务服务业,科学研究和技术服务业,水利、环境和公共设施管理业,居民服务、修理和其他服务业,教育,卫生和社会工作,文化体育和娱乐业,公共管理、社会保障和社会组织。

近年来,随着我国城市经济的快速发展,人口的日益增长,服务业在国内生产总值中所占比值逐年增大。2015 年,我国全年国内生产总值676708 亿元,比 2014 年增长 6.9%。其中,第一产业增加值 60863 亿元,增长 3.9%;第二产业增加值 274278 亿元,增长 6.0%;第三产业增加值341567 亿元,增长 8.3%。第一产业增加值占国内生产总值的比重为9.0%,第二产业增加值比重为 40.5%,第三产业增加值比重为 50.5%,首次突破 50%。2011~2015 年三次产业增加值占国内生产总值比重如图 2-1 所示。

随着产业结构调整,一些城市服务业得以快速发展,部分城市服务业(第三产业)在国民生产总值中所占比例如表 2-1 所列。

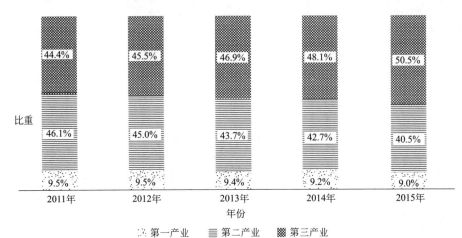

图 2-1 2011～2015 年三次产业增加值占国内生产总值比重

表 2-1 部分城市服务业（第三产业）在国民生产总值中所占比例

序号	城市名称	1995 年	2015 年
1	北京	52.5	79.8
2	上海	40.8	67.8
3	广州	47.6	66.8
4	西安	49.4	58.9
5	深圳	49.0	58.8
6	杭州	38.1	58.2
7	南京	41.9	57.3
8	济南	37.9	57.2
9	厦门	40.2	55.8
10	青岛	35.0	52.8

以北京市为例，改革开放以来，北京市的城市发展战略发生了根本的转变。城市经济内涵由单纯以工业为主导的经济形态逐渐向服务业倾斜。据统计，北京市第三产业比重由 1995 年的 52.5% 上升到了 2015 年的 79.8%，领先全国平均水平 30 个百分点。根据《北京市国民经济和社会发展第十三个五年规划纲要》，到 2020 年，服务业比重将达到 80% 左右。北京市的产业结构已完成从"工业主导"向"第三产业主导"的过渡。服

务业逐渐成为推动北京经济平稳、快速、高辐射发展的主要行业，成为推动北京经济增长的主要驱动力。北京市第三产业增加值占地区生产总值的比例如图 2-2 所示。

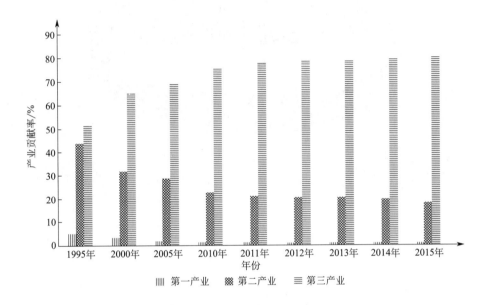

图 2-2　北京市第三产业增加值占地区生产总值的比例

与此同时，第三产业的发展带来了资源能源消费量的持续增长。服务业的能耗、水耗、污染物排放也呈现出较快增长态势，对经济增长的瓶颈效应日益凸显。

以北京市为例，"十二五"以来，服务业能源消费量继续保持较快增长，2015 年，全市能源消费量为 6852.6 万吨标准煤，第三产业能源消费量达到 3312.6 万吨标准煤，占全市能源消费比重达到 48.34%。2015 年北京市分产业能耗比例如图 2-3 所示。

2015 年北京市全年总用水量 38.2 亿立方米，比上年增加 1.89%。其中，生活用水 17.47 亿立方米，占比 46%；生态环境补水 10.43 亿立方米，占比 27%；工业用水 3.85 亿立方米，占比 10%；农业用水 6.45 亿立方米，占比 17%。2015 年北京市用水分布比例如图 2-4 所示。

从地表水水质情况来看，北京市水资源短缺和城市下游河道水污染严重的局面未根本改变。全年共监测五大水系有水河流 94 条，长 2274.6km，

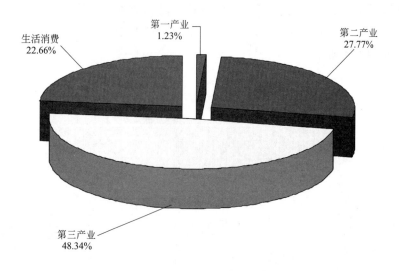

图 2-3　2015 年北京市分产业能耗比例

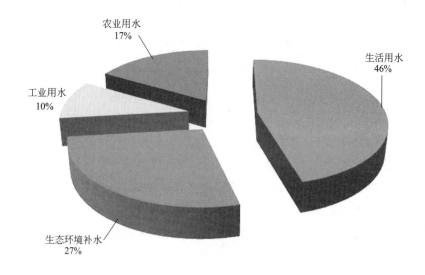

图 2-4　2015 年北京市用水分布比例

其中：Ⅱ类、Ⅲ类水质河长占监测总长度的 46.9%；Ⅳ类、Ⅴ类水质河长占监测总长度的 7.3%；劣Ⅴ类水质河长占监测总长度的 45.8%。主要污染指标为生化需氧量、化学需氧量和氨氮等，污染类型属有机污染型。北京市五大水系水质情况如图 2-5 所示。

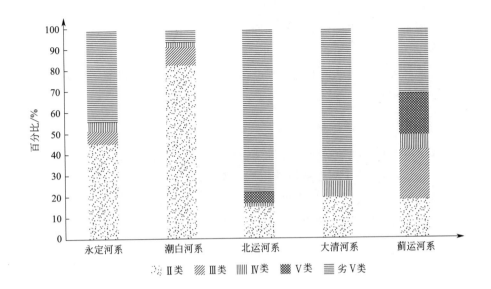

图 2-5　北京市五大水系水质情况

据统计，2015 年北京市城镇生活污水（含服务业）化学需氧量排放量 79396t，占排放总量（161536t）的 49.2%；城镇生活污水（含服务业）氨氮排放量 11564t，占排放总量（16491t）的 70.1%。服务业是有机污染型废水的主要来源。随着产业结构的优化，北京市工业和农业节水和废水减排空间有限，因此推行服务业清洁生产、挖掘服务业节水潜力对于建立节水型社会、减少废水有机污染物排放、改善地表水水质至关重要。

服务业的环境污染问题，如果不从现在开始着手加以解决，将成为继农业和工业环境污染之后的又一生态危害途径，并且会成为制约现代服务业乃至整个国民经济可持续发展的重要因素。清洁生产在作为污染预防及治理有力手段的同时，还对北京市实现经济增长方式的转变和可持续发展、建设资源节约型和环境友好型城市起着重要的推动作用。

2.2　服务业清洁生产现状

北京市于 2007 年起逐步在服务业探索推行清洁生产，已在医疗机构、学校、洗衣、零售业等多个领域推行清洁生产，积累了一定经验，取得了一定的成效。2012年10月，国家发展改革委、财政部正式批复北京市为全国唯一的服务业清洁生产试点城市。同年，《服务业清洁生产试点城市建设实施方案（2012—2015年）》获得批复同意。2013年4月17日，北京市组织召开节能降耗及应对气候变化电视电话会议，正式启动并部署了服务业清洁生产试点城市建设工作。

（1）完善政策法规标准

北京市发布了《清洁生产评价指标体系 汽车维修及拆解业》（DB11/T 1265—2015）等10个服务业清洁生产标准，用于指导相关行业企事业单位推行清洁生产，评价清洁生产水平。制定《北京市服务业清洁生产审核三年推广计划》，鼓励服务业企事业单位推行清洁生产，实施清洁生产技术改造。

（2）开展清洁生产审核

选择住宿餐饮、医疗机构、洗衣、商务办公楼宇、交通运输、高等院校、批发零售、沐浴、汽车维修拆解、环境公共设施10个行业为试点行业，采取自愿审核的方式，开展了数百家服务业企事业单位清洁生产审核。

（3）实施清洁生产项目

在10个服务业试点行业中，重点支持了余热回收、电机变频改造、厨余垃圾资源化利用、隧道式洗衣机、中水回用等清洁生产技术改造项目，建立了清洁生产示范体系，逐步在相关行业推行清洁生产经验。

如今，北京市服务业清洁生产工作稳步推进。为持续在服务业推行清洁生产，不仅需要政策导向和资金扶持，还需要企业和公众自觉参与进来，为北京服务业的绿色发展做出贡献。

2.3 服务业清洁生产前景

服务业清洁生产是发展循环经济、推动绿色发展和建设"两型社会"的重要手段。服务业的飞速发展带来了经济的增长和就业人口的增加，同时也加大了能源消耗和生态环境问题。因此，服务业开展清洁生产势在必行。

未来，国家对服务业的发展将更加注重发展结构、质量和效益的有机协调。通过在全国推行服务业清洁生产工作，完善高能耗、高污染服务业行业和企业退出机制，建立服务业清洁发展模式。随着服务业清洁生产技术和管理需求的增加，也将积极促进节能环保、新材料、新能源等战略性新兴产业发展，加快向服务经济为主导、创新经济为特征的经济形态转变，推动经济和社会环境同步提升。

目前，北京市已在全市范围内建立服务业清洁生产试点，并在不断地探索中总结经验。通过不断努力，北京市基本发展形成了以物质高效循环利用为核心、全社会共同参与的服务业清洁生产示范区，形成了可面向全国示范推广的服务业清洁生产促进体系。同时，为了更好地推进北京市服务业清洁生产试点城市的建设工作，北京市还将加大资金投入，发挥财政资金引导作用，强化企事业单位的清洁生产主体作用，支持企事业单位加大绿色投入。

参考文献

[1] 彭水军，曹毅，张文城. 国外有关服务业发展的资源环境效应研究述评 [J]. 国外社会科学，2015，6：25-33.
[2] 李冰. 北京：探索服务业清洁生产模式 [J]. 节能与环保，2017，7：44.
[3] 汪琴. 北京市第三产业清洁生产的必要性、现状和对策建议 [J]. 北京化工大学学报（社会科学版），2010，1：32-36，43.

第3章 汽车维修与拆解行业概况及特点

3.1 汽车维修行业概况及特点

3.1.1 汽车维修行业典型服务流程

汽车维修是汽车维护和修理的泛称。汽车维修企业是指从事汽车修理、维护与保养、洗车服务的企业。汽车维护是为了维持汽车完好技术状况或工作能力而进行的作业，主要是对汽车各部分进行检查、清洁、润滑、紧固、调整或更换某些零件。其目的是保持车容整洁，随时发现和消除故障隐患，防止车辆早期损坏，降低车辆的故障率和小修频率。汽车修理是为了恢复汽车完好技术状况或工作能力和寿命而进行的作业，它是汽车有形磨损的逐步补偿，包括故障诊断、拆卸、鉴定、更换、修复、装配、磨合、试验、涂装等作业。其目的在于及时排除故障，恢复车辆的技术性能，节约运行消耗，延长其使用寿命。虽然汽车维护和修理的任务不同，性质不同，但它们都是以保证汽车安全运行、降低运输成本、提高运输效率、节约能源为目的的。

根据《汽车维修开业条件》(GB/T 16739—2014)，汽车维修企业分为两类：汽车整车维修企业和汽车专项维修业户，其中汽车整车维修企业按规模大小又分为一类汽车整车维修企业和二类汽车整车维修企业。汽车维修企

第3章 汽车维修与拆解行业概况及特点

业具体分类情况和经营内容及场地规模见表3-1。

表 3-1 汽车维修企业分类

类型	整车维修企业	汽车专项维修业户
经营内容	对所维修车型的整车、各个总成及主要零部件进行各级维护、修理及更换	从事汽车发动机、车身、电气系统、自动变速器、车身清洁维护、涂漆、轮胎动平衡及修补、四轮定位检测调整、供油系统维护及油品更换、喷油泵和喷油器维修、曲轴修磨、气缸镗磨、散热器(水箱)、空调维修、汽车装潢(篷布、座垫及内装饰)、汽车玻璃安装等专项作业
场地规模	生产厂房面积： 一类企业不少于 $800m^2$；二类企业不少于 $200m^2$。 停车场面积： 一类企业不少于 $200m^2$；二类企业不少于 $150m^2$	专项维修的内容不同，规模也不一样。 生产厂房面积：$30\sim200m^2$。停车场面积：$30\sim40m^2$

汽修作业主要为检修、装配、喷/烤漆等工序，汽车保养主要为检查、配件更换等工序，具体流程如图3-1、图3-2所示。

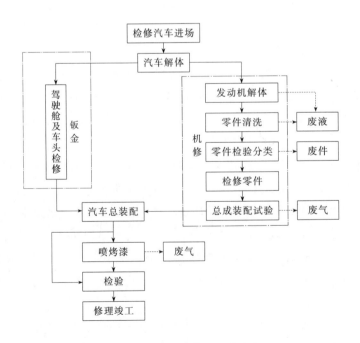

图 3-1 汽车维修作业工艺流程

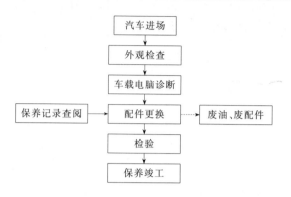

图 3-2　汽车保养作业工艺流程

工艺流程说明：待修的汽车进厂后先进行检查，然后送往维修车间。根据不同的故障和问题进行拆除，对拆除的零部件进行修复和更换；对于需要进行表面修复的车辆先进入钣金车间修理，然后送入烤漆房进行烤漆、喷漆；对于不需要进行表面修复的车辆，进入维修车间修理。修理后的汽车经检测工序合格后出厂。

1) 机修单元　负责各类车辆的修理，车间内放置有举升机、废油回收机等机器设备，一般的汽车维修、保养均在这里进行。

2) 钣金单元　主要对汽车外壳凸陷部进行处理，一般用专用工具将金属板敲平打磨，会产生较大的噪声和粉尘。

3) 喷烤漆单元　烤漆房内进行喷漆烤漆。喷烤漆房工作原理为：喷漆时，外部空气经过初级过滤网过滤后由风机送到房顶，再经过顶部过滤网二次过滤净化后进入房内。房内空气采用全降式，以 0.2～0.3m/s 的速度向下流动，使喷漆后的漆雾微粒不能在空气中停留，而直接通过底部出风口被排出房外。这样不断地循环转换，使喷漆时房内空气清洁度达 98% 以上，且送入的空气具有一定的压力，可在车的四周形成恒定的气流以去除过量的涂料，从而最大限度地保证喷漆的质量。烤漆时，将风门调至烤漆位置，热风循环，烤漆房内温度迅速升高到预定干燥温度（55～60℃）。风机将外部新鲜空气进行初过滤后，与热能转换器发生热交换后送至烤漆房顶部的气室，再经过第二次过滤净化，热风经过风门的内循环作用，除吸进少量新鲜空气外，绝大部分热空气又被继续加热利用，使得烤漆房内温度逐步升高。当温度达到设定的温度时，自动停止；当温度下降到设置温度时，又自动开启，使烤漆房内温度保持相对恒定。最后当烤漆时间达到设定的时间时，烤漆房自动关机，烤漆结束。

3.1.2 北京市汽车维修行业现状

近年来，北京市汽车保有量持续增加，维修需求进一步增长，维修服务与城市运行、经济发展和人民群众生活质量的关联程度愈加紧密。截至 2016 年，北京市汽车保有量已突破 544 万辆。根据北京市交通委员会发布的《北京市绿色交通发展成果手册（2011—2016 年）》统计，北京市全部汽车修理企业共 4678 家，其中一类维修企业 759 家，二类企业 1774 家，三类企业 2145 家；纳入北京市挥发性有机物（VOCs）污染源排放清单的汽车维修企业共约 2480 家，清单统计中有 VOCs 排放的企业约 1450 家，排放总量约 1416.29t。2015 年，累计完成机动车维修量 1278.4 万辆。

按照北京市 VOCs 污染源排放清单，有 VOCs 排放的汽车维修企业各区分布如表 3-2、图 3-3 所示，企业数量较多的区主要为海淀区、朝阳区、丰台区、房山区，约占北京市汽车维修数量的 63%。

表 3-2 北京市各区有 VOCs 排放的汽车维修企业数量（2016 年）

区	企业数量/家
东城区	10
西城区	15
朝阳区	268
丰台区	201
石景山区	57
海淀区	286
门头沟区	20
房山区	161
通州区	39
顺义区	64
昌平区	82
大兴区	54
怀柔区	50
平谷区	25
开发区	20

续表

区	企业数量/家
密云区	57
延庆区	41
总计	1450

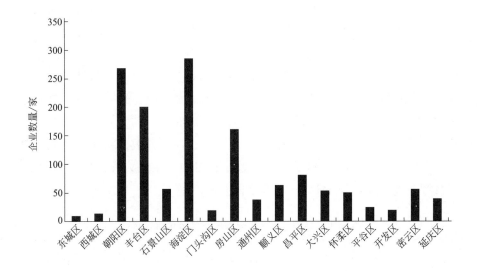

图 3-3 北京市有 VOCs 排放的汽车维修企业区域分布

汽车修理按照车辆损坏部位、损坏程度不同，主要包括发动机故障、底盘损坏、车身损坏等方面，整个汽车修理过程中主要可能产生的污染物质包括废水、废渣、废气（颗粒物、挥发性有机物）。《汽车维修业水污染物排放标准》（GB 26877—2011）、北京市《水污染物综合排放标准》（DB11/307—2013）中已经对汽车维修行业中水污染物排放作出规定限制；汽车修理过程中所产生的危险废物，应按照《危险废物贮存污染控制标准》（GB 18597—2001）的控制要求进行贮存，并交由具有危险废物经营许可证的单位进行处理；大气污染物排放执行北京市《汽车维修业大气污染物排放标准》（DB11/1228—2015），主要控制指标为苯、二甲苯、非甲烷总烃等。

北京作为首都，其环境质量和污染排放要求均较严格。汽车维修行业污染物种类多，污染物排放量大，特别是导致大气氧化性增强的挥发性有机污染物 VOCs，已成为影响北京市大气环境质量持续改善的重要因素。为进一步控制汽车污染，目前北京市已出台与汽车行业相关的限购、限行、定期淘汰、油品质量提升等环境保护政策、标准。汽车维修业清洁生产审核的开展，将有助于加快建立面向服务业的清洁生产促进模式、配套政策、服务体系及实施机制等。

北京市汽车维修行业长期以来设定了较高环保门槛，并通过积极宣传、推广应用新材料、新技术来促进行业的环境保护、污染物减排。如某汽车销售服务有限公司使用水性色漆已两年，虽然单项成本增加了50%，但水性色漆的环保性能好、附着力强、用量较少、工艺要求简单，特别是返修率低，用户满意率高。既有利于职工的身体健康，又有利于环境的保护，减少挥发性有机物的排放。某汽车销售公司使用高于汽车制造商建站要求、符合北京市相关规定、经交通产品认证合格的汽车喷烤漆房，对使用中产生的废气进行3级过滤，有效控制了废气污染，同时对废气的热量进行回收利用。

随着北京市环境保护工作的深入，汽车维修企业节能减排的意识也逐步增强，目前约有30%的企业推广使用绿色维修技术。北京市通过开展水性涂料示范项目调研和推广工作，促进行业内的环境保护及节能减排；针对行业内的危险废物管理中存在的问题，制定并落实汽车维修企业危险废物收集处理处置相关办法，提出力争实现全行业签约率100%的目标方案。

3.1.3 汽车维修行业的特点

汽车维修行业的特点是由它的服务对象和生产特点决定的。汽车维修行业是公路运输的一个组成部分，是为全社会的在用车辆服务的。因此，它必然具备运输行业和技术服务性行业的一些特点。同时，汽车维修生产技术性强，工艺复杂，特别是汽车大修、总成大修作业，工艺更复杂。其特点主要有以下几个方面。

（1）技术、劳动密集型行业

汽车是一种结构复杂、技术密集的现代化运输工具，也是一种对可靠性、安全性要求较高的行走机械。为了适应公路运输方式的需要，车辆的品种日益增加，新技术、新工艺、新材料不断被采用，使车辆的结构也越来越复杂，这就决定了汽车维修行业的技术复杂性。汽车维修行业需要发动机、底盘、电气、轮胎、喷漆等专业修理工种，因此该行业也是一个劳动密集型的行业。

（2）社会分散性

汽车维修行业是为运输车辆服务的。汽车运输的特点是流动分散，遍布城乡各地。因而，汽车维修行业必然也会分布在各个角落，具有很大的社会分散性。尤其是从事汽车维护小修和专项维修的业户，这种分散表现得更为突出。同时，汽车维修生产的特点也决定了其企业的规模不可能过大，目前，我国汽车维修企业是以中小型企业为主。近年来，一些汽修企业通过连锁、加盟等方式，逐步向品牌化、标准化发展。

（3）市场调节性

汽车维修行业是随着公路运输业和汽车制造业的发展而发展的，加之企业点多面广和专业服务的特点决定了该行业具有较强的市场调节属性。这就使一些小型汽车维修业户的稳定性很差。也就是说，根据市场的需要，维修业户开业、停业在动态变化中自行调节，使汽车维修市场的供求关系趋于平衡。

3.1.4　汽车维修行业的运营概况

（1）汽车维修的主要原料

维修过程中使用的原料主要是汽车配件和汽车养护材料，包括以下 3 部分。

1）加注液　包括发动机润滑油、刹车油、液压油、冷却液等，汽车养护用品多为小包装，一桶（瓶）供一辆车的油、液更换。部分企业采用大包装原料，使用管道进行加注，能够减少废包装，减少容器残留。

2）配件　包括各种滤芯、轮胎、车门、汽车玻璃、铅蓄电池等。

3）汽车涂料　汽车维修过程中使用的涂料不同于汽车生产过程使用的涂料，汽车维修过程中烘干温度仅为 60~80℃，远远低于汽车厂的 120~140℃。汽车维修使用的涂料分为溶剂型涂料和水性涂料。溶剂型涂料即以溶剂（稀释剂）为分散介质的涂料，其成分多为树脂和有机溶剂，溶剂型涂料价格低廉，对工艺水平要求不高，因此颇受市场青睐。溶剂型涂料种类繁多，不同的溶剂型涂料中有机物含量也不同，根据相关资料显示，溶剂型涂料（漆料和稀释剂）中有机溶剂的含量占涂料总量的 50%~70%，汽车喷涂时，涂料中的有机溶剂基本挥发，挥发量约为漆料用量的 50%。水性涂料即用水作为分散介质的涂料，其对工艺水平要求较高，其中的有机溶剂（主要为醇类）含量为5%～15%，在汽车喷涂时有机溶剂的挥发量很少。

(2) 汽车维修的设备

企业按照《汽车维修业开业条件》(GB/T 16739—2014) 配备通用设备、专用设备及检测设备。

通用设备有钻床、气焊、压力机、空气压缩机；专用设备有汽车空调冷媒加注回收设备、打磨抛光设备、除尘除垢设备、汽车举升机、气缸压力表、地沟设施、四轮定位仪、换油设备、液压油压力表、车轮动平衡机、调漆设备、喷烤漆房及设备、车架校正设备、车身校正设备、型材切割机、故障诊断设备等；检测设备有声级计、排气分析仪或烟度计、汽车前照灯检测设备、侧滑试验台、制动检验台、车速表检验台、底盘测功机等。

3.1.5 汽车维修行业的水和能源利用现状

汽车维修业企业在运行过程中消耗水、电力、燃油、燃气等能源。涉及能源消耗的环节如下。

(1) 检查、零部件拆除、修复和更换

故障诊断设备的能耗主要是电能，气动设备还使用压缩空气。

(2) 喷烤漆

喷烤漆房用电或用柴油，目前北京市的维修企业基本淘汰了燃油烤漆房，使用红外烤漆房。

(3) 机修、检测出厂

机修单元能耗主要是车间内举升机、废油回收机等机器设备能耗。

(4) 服务全过程空调系统、照明系统能耗

服务全过程空调系统、照明系统能耗包括检查、机修、喷烤漆、检测等全过程中空调、换气系统和照明系统能耗。

水资源使用主要是洗车用水及职工生活用水，根据北京市《公共生活取水定额 第7部分：洗车》(DB11/ 554.7—2012)，洗车站点应配备循环用水设施，循环率应达到80%。一单车消耗新鲜水量为22～31L/车，职工生活用水及顾客服务盥洗用水10L/(人·d)。

目前，大多数汽车维修企业是集汽修服务、销售汽车服务为一体的，二级计量装备安装率较低，无法区分汽车维修和汽车销售两部分的能源消耗，计量器具配备率有待完善。根据调研，北京市某汽修企业能源消耗情况见表 3-3。

表 3-3 北京市某汽修企业能源消耗一览表

调研对象	维修车数/辆	耗电量/(kW·h)	耗柴油量/L	综合能耗(按标煤计)/kg	单车能耗(按标煤计)/(kg/车)
某汽修公司	253943	4261700	12228	1548466	6.1
4S店	12197	553916	11164	212423	17.4

注：能源折算过程中，1kW·h＝0.36kg 标煤，1L 柴油＝1.166kg 标煤。

目前北京市汽车维修行业内已经开展节能减排的相关工作，积极推广节能设备与技术在企业的应用。

3.1.6 汽车维修过程污染源分析

汽车维修过程排放的污染物主要为：喷烤漆废气（包括喷烤漆有机废气和柴油燃烧废气）、少量的焊接烟尘和打磨粉尘、钣金噪声及设备噪声、废机油、废零件、废水等。

汽修服务过程污染物的产生及排放见图 3-4。

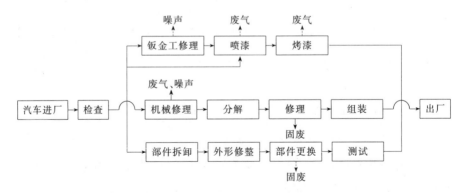

图 3-4 汽车维修服务过程污染物的产生及排放

（1）废水

汽车修理养护企业废水来自汽车维修各工序排水、汽车清洗废水和生活污水。汽车零部件清洗均要求使用环保清洗剂，清洗液循环使用不外排，沉淀油泥按固体废物处理。

1) 含油废水　汽车发动机、零部件的清洗排出的含油废水，其特点是 pH 值、含油量和 COD_{Cr} 高。通常，含油废水处理工艺如下：含油废水—预处理—混凝沉淀—吸附过滤—排入城市管网或处理后回用于洗车、清洁厂房、绿化、冲厕等，处理效果如表 3-4 所列。

表 3-4　北京市某汽修公司含油废水水质、处理工艺及处理效果

企业	指标	pH 值	COD_{Cr}/(mg/L)	SS/(mg/L)	石油类/(mg/L)	处理工艺
企业 1	原水	12	2000～4461	3100～4298	40～47	絮凝沉淀
	处理后	6.5～8	26～124	<10	3.5～5.6	
企业 2	原水	11	1102～1870	450～868	320～760	絮凝沉淀
	处理后	7.5～8.1	59～169	15～20	<20	
企业 3	原水	—	3995～5128	498～957	1194～1322	混凝沉淀+砂滤
	处理后	—	390～452	<20	23～60	
企业 4	原水	14	1490～6700	1100～1600	740～1500	混凝沉淀+气浮+活性炭
	处理后	6.8～7.1	210～290	5～19	0.5～6.6	

2) 汽车清洗废水　常用的洗车方法有人工洗车、高压水枪洗车、全自动电脑洗车机洗车、无水洗车（环保洗车机）、蒸汽洗车机洗车、无刷毛自动洗车机洗车 6 种。洗车废水经沉淀油水分离、物化处理、活性炭吸附和膜过滤等措施处理后，可循环使用。洗车采用循环水回用方式，洗车水循环利用率可达到 80％以上。

3) 生活污水　汽车维修企业的生活污水主要包括冲厕废水、食堂废水等。通常经隔油池、化粪池以及二级生化处理后，达标排入市政污水管网。

(2) 废气

1) 喷烤漆房废气　喷烤漆房产生的废气包括喷烤漆过程产生的挥发性有机废气以及使用化石燃料加热装置产生的废气，目前北京市绝大多数汽修企业使用电烤漆房，减少了传统柴油燃烧废气的排放。

喷烤漆废气主要来源于挥发的溶剂、稀释剂。溶剂和稀释剂的主要组分是有机物，如苯、甲苯、二甲苯以及非甲烷总烃等。根据《大型喷漆车间漆雾处理系统的研究和应用》一文的介绍，目前针对喷漆房内产生的喷漆废气（即漆雾），国内外一些主要的处理方法比较如表 3-5 所列。

表 3-5 国内外漆雾处理方法的比较

项目	低温冷凝法	催化燃烧法	活性炭吸附法	水吸收法	联合处理法
适用范围	有一定温度的高浓度有机废气	连续生产的高浓度有机废气	间歇式生产低浓度有机废气	规模生产的低浓度有机废气	连续生产的高浓度有机废气
处理效果	70%左右	95%～99%	99%以上	80%左右	98%以上
操作的复杂程度	简单	复杂	复杂	简单	复杂
投资	低	高	高	低	最高
主要优点	方法简单、投资低、运行管理方便	处理效果好，净化率高	处理效果好，净化率高	方法简单，使用方便，运行费低，安全	处理效果好，净化彻底

目前，大多数喷漆房都配有过滤地棉和活性炭吸附装置，通过地棉捕集漆雾中的漆粒，有机废气经活性炭吸附装置净化后排放。根据工程经验，活性炭对有机废气的吸附效率可达95%以上。但是不少企业的喷烤漆房活性炭装填量少，更换周期长，严重降低了挥发性有机物的治理效果。常见喷烤漆房活性炭吸附装置如图3-5所示。

图 3-5 常见喷烤漆房活性炭吸附装置

随着北京市《汽车维修业大气污染物排放标准》的颁布实施，自2017年1月1日起，烤漆房排气筒排放的大气污染物中非甲烷总烃的浓度低于$20mg/m^3$，低温等离子、紫外线催化、催化燃烧等处理工艺也得到了发展和应用，新型喷烤漆废气处理工艺流程如图3-6所示。

第3章 汽车维修与拆解行业概况及特点

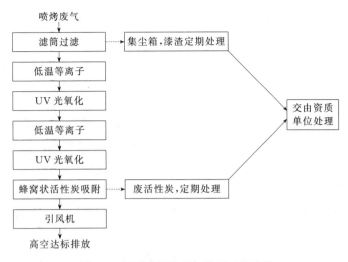

图3-6 新型喷烤漆废气处理工艺流程

2) 制冷剂 汽车空调用制冷剂是氟利昂家族的一员,属于氯氟烃类。随着氯原子数量的增加,其对臭氧层的破坏能力也随之增强;由于氯氟碳化合物对臭氧层的破坏日益严重,故多个国家于1987年9月在加拿大蒙特利尔签署了《蒙特利尔议定书》,分阶段限制氯氟碳化合物的使用。从1996年1月1日起,氯氟碳化合物正式被禁止生产。目前使用的汽车制冷剂基本为氢氟烃类,如R134A,其沸点为$-26.5℃$,它的热工性能接近R12(CFC12),破坏臭氧层潜能值ODP为0,但温室效应潜能值WGP为1300。

目前,R134A不属于《危险废物名录》(2016年),但是考虑到其温室效应,应该对制冷剂进行回收利用。

3) 汽车尾气 汽车在维修调试过程中会产生汽车尾气,其中主要污染物包括固体悬浮微粒、一氧化碳、二氧化碳、烃类化合物、氮氧化合物、铅及硫氧化合物等。汽车在机修工位进行静止启动时,应该使用软管接驳排气管,将汽车尾气集中收集净化后排放。净化方式可以采用活性炭吸附等工艺。

4) 焊接烟尘 焊接烟尘主要来自汽车修理过程中的焊接过程,北京市汽修企业主要使用电气焊和CO_2保护焊,一般车间与外界自然通风,焊接烟尘量较少。烟尘应经除尘器净化处理后排入大气,常见除尘方式为布袋除尘器。

5) 其他生产生活废气 汽车维修企业产生的其他生产生活废气主要包

括锅炉烟气和食堂油烟等。锅炉烟气一般经烟囱直接排入大气，食堂油烟经静电油烟净化器处理后排入大气。

（3）固体废物

汽车维修企业主要固体废物包括一般固体废物、危险废物和生活垃圾。

1）一般固体废物　汽车维修企业产生的一般固体废物包括拆解下的废钢铁、废有色金属、废钢化玻璃、污泥和废座椅等。废钢铁销售到钢铁公司回炉重熔，废有色金属销售到有色金属冶炼厂，废轮胎销售给轮胎再生处理单位，废旧塑料［汽车前后保险杠、仪表盘、座椅靠背架及发动机盖罩等，主要成分是聚丙烯（PP）混料］等外售给相应的回收公司。

2）危险废物　汽车维修过程中产生的危险废物主要包括废有机溶剂与含有机溶剂废物，废矿物油与含矿物油废物，染料、涂料废物，含汞废物，石棉废物，其他废物，废催化剂等，详见表3-6。

表3-6　汽车维修过程中产生的危险废物

序号	废物类别	废物代码	名称及来源
1	废有机溶剂与含有机溶剂废物	HW06	零件清洗过程废弃的有机溶剂、专业清洗剂、保养更换的防冻液等
2	废矿物油与含矿物油废物	HW08	维修保养过程中废弃的柴油、机油、刹车油、液压油、润滑油、过滤介质（汽油、机油过滤器）；清洗零件过程废弃的汽油、柴油、煤油、沾染油污的锯末、抹布、棉丝等
3	染料、涂料废物	HW12	维修过程使用涂料(不包括水性涂料)作业产生的废物：废涂料及漆渣；喷烤漆房使用后的空气过滤介质；沾染涂料的废纸、胶带等
4	含汞废物	HW29	废含汞荧光灯管及其他废含汞电光源
5	石棉废物	HW36	车辆制动器衬片的更换产生的石棉废物
6	其他废物	HW49	废弃的铅蓄电池、废油漆桶、废喷漆罐、废电路板、未引爆的安全气囊及安全带等
7	废催化剂	HW50	废汽车尾气净化催化剂

根据《中华人民共和国固体废物污染环境防治法》第四章规定，对危险废物必须严格执行申报登记制度，严格进行收集、贮存、运输、处置。企业应设置危险废物临时贮存场所，各种危险废物分别使用专用容器单独存放，然后送至具有危险废物经营许可证的单位进行处置。

3）生活垃圾　生活垃圾经统一收集后，定期由企业或环卫部门送垃圾处理场处置。

(4) 噪声

汽车维修企业主要噪声源是喷烤漆房风机、空气压缩机、台钻、打磨机等设备噪声以及汽车启动等噪声。喷烤漆区风机噪声在设备1m处机械噪声为70~80dB(A);打磨设备噪声是短时、不定时发生的,瞬时最大噪声可达到90~100dB(A);汽车启动噪声约65dB(A)。

由于鼓、引风机置于喷烤漆房室内(喷烤漆房为密闭设置),可以对高噪声设备进行减振处理;全部产生噪声的工序在室内完成,车间密闭门窗,注意隔声;对风机安装隔声罩、消声器等。通过一系列降噪措施可以实现厂界噪声达标。

3.2 汽车拆解行业概况及特点

3.2.1 汽车拆解行业典型服务流程

报废汽车是指达到国家或北京市汽车强制报废标准,或汽车的权力人明示需要报废的汽车,包括汽车、摩托车、低速车辆以及工程车辆。

报废汽车回收拆解企业是指具有汽车回收、拆解、存储能力和条件,从事报废汽车回收和拆解的企业。国家对报废汽车回收业实行特种行业管理,对报废汽车回收企业实行资格认定制度。回收(recycling)是指对报废汽车进行收回、存储、标记、记录、发放回收证明、去污处理、防止车辆再行驶的程序和方式。拆解(dismantling)是指对报废汽车进行危险废物的无害化处理、拆除主要总成、去除非金属材料及零件、车体和结构件进行压扁或切割的程序和方式。

汽车拆解行业服务流程(工艺过程):报废汽车回收拆解企业接收或收购报废汽车后按检查和登记、拆解预处理、报废汽车存储、拆解、物资存储和管理5个拆解程序阶段进行处理。作业流程如图3-7所示。

(1) 检查和登记

检查入厂报废汽车发动机、油箱等总成部件的密封、破损情况,对于出现泄漏的部件应采用适当的方式处理,防止废液渗入地下;对报废汽车进行登记注册并拍照,将其主要信息录入电脑数据库并在车身醒目位置贴上显示信息的标签;将汽车登记证书、号牌、行驶证交给交通管理部门办理注销登记;向报废汽车车主发放《报废汽车回收证明》及有关注销书面材料。

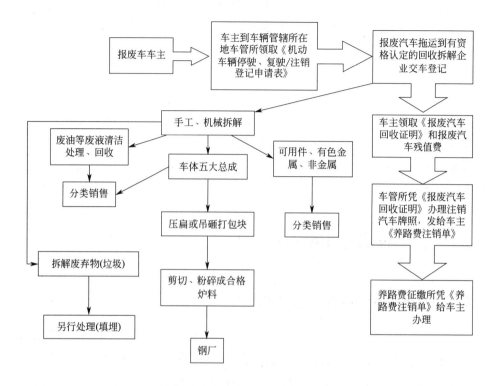

图 3-7　报废汽车回收拆解作业流程

(2) 预处理

拆除蓄电池,拆除气罐(如有);直接引爆安全气囊或者拆除安全气囊组件后引爆;在室内拆解预处理平台使用专用工具和容器排空并收集车内的废液;用专门设备回收汽车空调制冷剂。

(3) 报废汽车存储

待拆的报废汽车不能侧放或倒放,叠放时不应超过一定的高度限制;不应与其他废物混放,避免污染;存放时间不超过一定期限。

(4) 拆解

依次拆下油箱、机油滤清器、玻璃、催化器及消声器、转向锁总成、停车装置、倒车雷达及电子控制模块;车轮(轮胎);能有效回收的含金属铜、铝、镁的部件;能有效回收的大型塑料件(保险杠、仪表板、液体容器等);

橡胶制品部件；有关总成和其他零部件。

（5）存储及管理

应使用各种专用密闭容器存储废液，防止挥发；拆下的可再使用零部件应在室内存储；对拆解后的所有零部件、材料、废物进行分类存储和标识，避免混合、混放，含有害物质的部件应标明有害物质的种类。危险废物应交由具有相应资质的单位进行处置或回收。

3.2.2　国内汽车拆解行业现状

我国报废汽车拆解行业始于20世纪80年代，但发展缓慢。近年来，随着汽车产业迅猛发展，保有量快速增加，由此带动的汽车循环经济市场潜力巨大。

早在2001年，我国就颁布实施了《报废汽车回收管理办法》（国务院第307号令），规定了回收拆解企业的准入基本条件，但门槛比较低，没有涉及节能、环保等方面的要求。2007年，国家环境保护总局又颁布实施了《报废机动车拆解环境保护技术规范》（HJ 348—2007），主要从环保方面规定了报废汽车回收拆解环节的污染控制要求。该技术规范于2009年1月1日起开始正式实施。规范要求经营场地面积$\geqslant 10000m^2$，作业场地（包括存储和拆解场地）$\geqslant 6000m^2$；存储场地（包括临时存储）的地面要硬化并防止渗漏；拆解场地应为封闭或半封闭车间，地面应防止渗漏，远离居民区；具备面积适当的室内去污处理场所和可再使用旧零件存储仓库；存储场地和拆解车间的总排水口应设置油水分离装置设施等。该技术规范对规范我国报废汽车回收拆解企业经营行为、保障道路交通安全、提升报废汽车回收拆解企业回收利用水平和环保水平具有现实意义，是我国汽车拆解行业第一个正式实施的、具有法律效力的环境保护行业标准，也是促进我国报废汽车回收拆解行业可持续发展的重要依据。

国内目前具备资质的报废汽车拆解企业共有502家，北京市具备资质的报废汽车拆解企业有8家。报废汽车拆解行业普遍存在拆解粗放、劳动强度大、拆解部件随意堆放、钢铁、有色金属等回收利用率低等问题。

3.2.3 汽车拆解行业的特点

目前我国汽车拆解行业政策法规尚不完善，企业普遍规模小，处理能力有限，效率低；北京市拆解企业规模在全国范围内属于较大的，技术装备水平较高，环境管理较规范。根据调研，北京市的汽车拆解企业基本能够做到分区操作，拆解、打包车间进行了地面硬化，配备了气动工具，其中放油工位配备挥发性有机废气收集净化装置，打包工位安装了粉尘收集净化装置。危险废物暂存场所规范，地面采取了硬化防渗措施，废油、铅蓄电池等危险废物分类存放。

3.2.4 汽车拆解行业的运营概况

（1）汽车拆解的设备

拆解企业具备的主要设备有车辆称重设备、室内拆解预处理平台，配有专用废液收集装置和分类存放各种废液的专用密闭容器；具备安全气囊直接引爆装置或者拆除、存储、引爆装置，汽车空调制冷剂的收集装置；具备分类存放含聚氯联苯或聚氯三联苯的电容器、机油滤清器和蓄电池的容器；具备车架剪断设备、车身剪断或压扁设备、起重运输设备、总成拆解平台或精细拆解平台等。

（2）汽车拆解的废物分类、去向

汽车拆解后，废钢铁和有色金属约占拆出总量的82%和4%，分别送到钢铁公司和其他有色金属厂回收利用；非金属占拆除总量约14%。其中废旧轮胎销售给轮胎收集单位进行综合利用；汽油、柴油用于厂内叉车等生产设备。

目前汽车零部件回收利用或处置方式如表3-7所列。

表3-7 目前汽车零部件回收利用或处置方式

序号	部件名称	拆解物	利用或处置方式
1	挡风玻璃	碎片、再生玻璃	填埋或焚烧
2	座椅	织物、塑料	

续表

序号	部件名称	拆解物	利用或处置方式
3	车身	钢材	外售利用
4	行李箱盖	部件和其他	
5	线束	铜产品、铸造铝	
6	发动机室盖	部件和其他	
7	后保险杠	塑料	
8	散热器	铜、铝材料	
9	发动机	发动机或铝	
10	变速器	钢、铝制品	
11	车门	钢制品	
12	车轮	车轮、钢、铝	
13	悬架	钢、铝制品	
14	车轮内胎	橡胶	

3.2.5 汽车拆解行业的资源能源利用现状

汽车拆解企业能源消耗主要集中在拆解设备，如车辆称重设备、车架剪断设备、车身剪断或压扁设备、起重运输设备、电气焊切割设备等。汽车拆解业的资源能源消耗主要是切割气焊等拆解工艺用乙炔气和氧气，拆解企业每拆解一辆车耗能约150kg标准煤（约417kW·h）。

3.2.6 汽车拆解行业生产过程污染源分析

（1）废水

1）车间废水 车间废水指的是在汽车拆解过程中产生的汽车零部件冲洗废水及厂房冲洗废水。拆解区域冲洗废水经沉淀、油水分离等措施处理后，实现达标排放。

2）生活污水 汽车拆解行业一般生活污水中的水污染物产生浓度为：COD_{Cr} 300mg/L、BOD_5 150mg/L、SS 200mg/L。市政设施不完善的企业，生活污水经化粪池处理后，由环卫部门负责定期清掏外运，集中处理，不直接外排；有市政设施及下游有污水处理厂的企业，直接排市政污水管道。

（2）废气

1）烟尘　采用传统乙炔气焊切割会产生无组织排放烟尘，企业应在车间内进行操作，并采用集中式、移动式烟尘收集净化装置。

2）制冷剂废气　目前使用的汽车制冷剂基本为氢氟烃类，如 R134A。目前由于缺乏再生利用的渠道，部分企业将制冷剂直接排空。

3）金属粉尘　在汽车及零部件压扁、粉碎过程中，会有少量的金属粉尘产生，企业必须采用粉尘收集装置和除尘器处理达标后排放。

4）其他废气　汽车拆解企业产生的其他废气主要包括锅炉烟气和食堂油烟等。锅炉烟气一般经除尘、脱硫、脱硝后经烟囱排放（燃气锅炉一般仅进行脱硝），食堂油烟经油烟净化器处理后排入大气。

（3）固体废物

汽车拆解企业主要固体废物包括一般固体废物、危险废物和生活垃圾。

1）一般固体废物　汽车拆解企业产生的一般固体废物包括拆解下的废钢铁、废有色金属、废座椅、废钢化玻璃、陶瓷、泡沫和橡胶等。废钢铁销售到钢铁公司回炉重熔，废有色金属销售到有色金属冶炼厂，废轮胎和废座椅集中收集后销售给回收单位，废旧塑料（汽车前后保险杠、仪表盘、座椅靠背架及发动机盖罩等）、泡沫塑料、橡胶等外售给相应的回收公司。汽车拆解企业运营过程中污染物产生的节点及去向如图 3-8 所示。

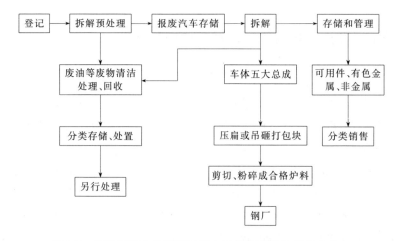

图 3-8　汽车拆解企业运营过程中污染物产生的节点及去向

2）危险废物　汽车拆解过程中产生的危险废物主要包括废矿物油与含矿物油废物、含汞废物、石棉废物、其他废物、废催化剂，所有危险废物应委托有相应危险废物经营许可证的单位进行处理处置。汽车拆解过程中产生的危险废物种类如表 3-8 所列。

表 3-8　汽车拆解过程中产生的危险废物种类

序号	废物类别	废物代码	名称及来源
1	废有机溶剂与含有机溶剂废物	HW06	废弃的有机溶剂、防冻液等
2	废矿物油与含矿物油废物	HW08	废弃的柴油、机油、刹车油、液压油、润滑油、过滤介质（汽油、机油过滤器）；沾染油污的锯末、抹布、棉丝等
3	含汞废物	HW29	废含汞荧光灯管及其他废含汞电光源
4	石棉废物	HW36	车辆制动器衬片石棉废物
5	其他废物	HW49	废弃的铅蓄电池、废线路板、未引爆的安全气囊及安全带等
6	废催化剂	HW50	废汽车尾气净化催化剂

3）生活垃圾　生活垃圾经统一收集后，定期由环卫部门收集处理。

（4）噪声

汽车拆解行业主要噪声源是汽车拆解的设备噪声，空压机、鳄鱼式剪切机、气割机、金属打包机等，其噪声源强 70～90dB(A)。汽车拆解企业通过安装隔声罩、消声器等可以实现厂界噪声达标。

3.2.7　汽车拆解行业存在的问题

由于诸多因素影响，报废汽车回收利用领域普遍存在拆解技术落后、资源再利用率低和环保水平低等问题。

（1）拆解技术落后，分区作业不规范

据调查，少部分拆解企业没有专门工具，拆解作业不规范，环保意识差。企业拆解场地基本为露天拆解，废油液虽然分类回收，但油液溢洒渗入地下的现象普遍，降水洗刷导致油污蔓延，既污染环境又容易造成安全隐患。

图 3-9 为废油回收和气焊切割。

(a)   (b)

图 3-9 废油回收和气焊切割

(2) 污染防治手段比较落后

拆解过程中各类矿物油挥发产生的挥发性有机物没有得到有效重视，一般通过排气扇无组织排放，少量企业采用集气罩＋活性炭吸附的方式进行处理；地面清洗废水、初期雨水产生的含油废水直接进入污水管网，没有进行隔油预处理。图 3-10 为汽车拆解零部件和汽车拆解零部件堆放，图 3-11 为汽车拆解零部件和汽车拆解金属零部件压缩。

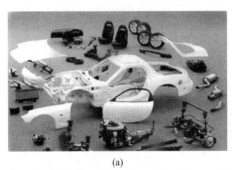 

(a)   (b)

图 3-10 汽车拆解零部件和汽车拆解零部件堆放

(3) 拆解后的资源回收利用率低

大多数回收拆解企业缺乏相应的技术和设备，拆解的可再利用零部件少，其中钢铁和有色金属回收利用率较高，而橡胶、塑料、玻璃等非金属回收利用率较低；拆解的汽车零部件直接利用率不足 10%。

为防止汽车报废时残余制冷剂的排放，北京市部分汽车回收公司和汽车解体厂配备了制冷剂的回收设备。但由于国家没有回收利用的政策措施，企

(a) (b)

图 3-11 汽车拆解零部件和汽车拆解金属零部件压缩

业回收后的冷媒长期存放没有利用,影响了回收利用。

3.2.8 汽车拆解行业的发展趋势

北京市汽车拆解行业将向报废汽车收集规范化、拆解作业自动化、拆解废物资源化、环境无害化、拆解企业规模化、拆解后零部件再制造产业化方向发展。随着法律法规和管理制度的完善,北京市汽车拆解行业将整合拆解企业资源,扩大企业规模,改目前手工作业为机械化作业或手动作业与高效专用设备结合,使整个拆解作业一条龙,提高资源回收利用率,改善作业环境。

零部件再制造是通过运用先进的清洗技术、修复技术和表面处理技术,使废旧零部件达到或超过新品的性能,延长其产品的使用寿命。这不仅充分利用废旧零部件蕴含的资源,节约制造新产品所需的水资源、能源和原材料,减少原生资源的开采,而且降低成本,方便维修。与制造新品相比,再制造产品一般可节省成本 50%、节能 60%、节材 70%,价格也仅为新品的 50%~70%。从发展循环经济的角度而言,再制造零部件具有很高的经济性和实用性。因此,在美国、德国等汽车工业发达的国家,卡车、乘用车等零部件再制造业产值可达数百亿元。

国家发改委等 11 部委于 2010 年 5 月底,联合下发《关于推进再制造产业发展的意见》,提出了把深化汽车零部件、工程机械、机床等再制造作为推进再制造产业发展的重要领域。2013 年,国家发改委等 5 部委下发《关于印发再制造产品"以旧换再"试点实施方案的通知》,对进一步扩大再制造产品的市场份额给予了有利的支持和促进。

3.3 汽车维修与拆解行业清洁生产潜力

目前,我国汽车维修与拆解行业废物产生量大,如处理不当,对环境危害较大。同时,废物种类繁多、处理难。在汽车带给出行便利的同时,汽车的维护、修理和拆解过程产生了如废旧铅蓄电池、废旧轮胎、废机油、废气等有毒有害物质。这些有毒有害物质对环境影响相当严重。因此,合理处置汽车维修与拆解的废物,减少环境污染,提高资源利用率,是汽车维修及拆解企业清洁生产的重要内容。

汽车维修与拆解行业清洁生产潜力主要表现在以下几个方面。

3.3.1 提高技术装备水平,减少资源浪费和环境污染

汽车维修过程主要污染源为喷烤漆废气,传统有机溶剂型涂料中含有苯系物,对环境危害大。目前,水性涂料逐步得到应用推广,与传统的有机溶剂型涂料相比,水性涂料中有机溶剂的含量仅为10%,能够大大减少挥发性有机物的产生和排放。在汽车喷涂作业时,喷枪等维修工具需要及时清洗,目前汽车维修企业大多采用稀料清洗,每次喷枪清洗大约需要0.5L以上的稀料,汽车进行喷涂作业后就需要清洁喷枪,使用大量资源的同时,如处置不当既造成环境污染,又埋下安全隐患。推广使用专用的清洗设备和专用清洗液,如超声波清洗机、洗枪机、溶剂回收机、生物降解清洗液等,将在汽车维修作业过程中有效节约成本,提高经济效益,有效降低污染,提高企业形象。

汽车拆解业应从手工拆解向机械化、流水线方向发展。使用气动切割工具、液压设备,提高工作效率,减少气焊切割过程的废气问题。

3.3.2 汽车维修废旧配件再利用,减轻环境污染,节约资源

汽车维修经营者存在"以换为主,能不修就不修"的经营思想,造成了极大的资源浪费。大部分汽车维修企业在使用旧配件和修复配件时存在困

难，导致大量可再利用的旧配件和修复配件被作为废物处理，从而造成了严重的资源浪费。在汽车维修行业内倡导"能修则修、以修为主"的维修理念，能够使维修经营者纠正以谋取最大利润为唯一目标的错误理念，确立"能修则修、以修为主"的科学修车理念，从而从根本上推进汽车维修行业节能减排工作。

3.3.3 推进汽车拆解废旧零件再制造，提高资源利用价值

随着资源节约和环保意识的全球觉醒和迅速提高，对汽车零部件进行再制造已成为全球趋势。研究表明，福特、通用、大众等全球知名汽车制造商都拥有自己的发动机再制造厂，再制造发动机占到企业维修配件市场85%以上。

研究表明，再制造与初始制造相比，可节能60%、节材70%、降低成本50%左右，经济效益和环境效益十分明显。与此同时，再制造零部件的寿命和性能不仅不会比新产品低，还因制造过程中采用的先进技术，使再制造产品获得高附加值。

再制造汽车零部件有着广泛的应用前景，在能源、资源日趋紧张，环保压力日益增大的情况下，使用制造成本及消费成本较低的再制造产品，无疑更具理论和现实意义。美国再制造产业处于全球公认的领先地位，从事汽车零部件再制造的公司超过5万家，年销售总额达365亿美元。这些再制造的汽车零部件被广泛应用于售后维修服务中，再制造产品如发动机、传动装置、转向器、起动机、化油器等，已经占到替换市场的70%～80%。而且，随着再制造技术水平的不断提高，还有不少企业，包括赛车制造企业都在尝试将发动机等再制造产品用于新车上。

参考文献

[1] 刘勤.论报废汽车如何纳入循环经济的轨道[J].中国废钢铁，2008（4）：24-25.
[2] 周允.我国汽车维修业发展简史[J].汽车维护与修理，2010（10）.
[3] 刘建勋.我国汽车维修业发展趋势探讨[J].重庆交通学院学报，2008（3）.
[4] 赵旭，李磊.我国汽车产业循环经济模式研究[J].汽车工程，2007，29（10）：913-917.
[5] Peter Kopeck. Modeling and control of a humanoid Robles [J]. e & i Elektrotechnik und Infor-

mationstechnik，2013，130（2）：61-66.

[6] Monsanty, Step Hanie. High-Capacity Rotary Table Improves Repeatability Accuracy [J]. Modern Machine Shop，2013，86（4）：196.

[7] Chun Jianyu, Xiao Diaohuan, Cheng Gangfang. Optimizing dynamic characteristics of NC rotary table based on electromechanical hydraulic coupling [J]. Journal of Mechanical Science and Technology，2013，27（4）：1081-1088.

[8] 郑文纬,吴克坚. 机械原理 [M]. 北京：高等教育出版社，2010.

[9] 李建功. 机械设计 [M]. 北京：机械工业出版社，2010.

[10] 刘鸿文. 材料力学 [M]. 北京：高等教育出版社，2010.

[11] 重庆市汽车维修行业汽车尾气污染治理及技术对策的研究报告 [R]. 重庆交通学院，重庆公路科学研究所，重庆运输管理处，1992.

[12] 高延龄. 汽车运用工程 [M]. 北京：人民交通出版社，1990.

[13] 迟瑞娟,李世雄. 汽车电子技术 [M]. 北京：国防工业出版社，2008.

[14] 南征. 漯河市汽车维修行业的现状与发展研究 [D]. 郑州：河南农业大学，2009.

[15] 占百春. 汽车维修行业高技能人才培养体系与实训基地建设 [D]. 南京：东南大学，2010.

[16] 项亚平. 中国汽车维修业发展模式探讨 [D]. 南京：东南大学，2009.

[17] 杨焱. 汽车后市场服务连锁经营模式研究 [D]. 天津：天津大学，2006.

[18] 李晋. 汽车服务备件的库存管理研究 [D]. 武汉：华中科技大学，2006.

[19] 王春华,张朝许. 国外汽车维修行业的特点与我国汽车维修行业现状分析 [J]. 中国电子商务，2011（7）.

[20] 高玉民. 美国汽车维修业的特点 [J]. 汽车维修与保养，2003（6）.

[21] 吴沛桦. 汽车维修行业特点及发展趋势研究 [J]. 中国城市经济，2011（14）.

[22] Lin J. A Light diet for a giant appetite：An assessment of China fluorescent lamp standard [J]. Energy，2012（87）：12-23.

[23] 李华. 我国汽车维修企业存在的问题及发展对策 [J]. 科技信息:科学·教研，2008（11）：311-325.

[24] 张进. 汽车维修行业的现状及发展对策 [J]. 四川兵工学报，2009，30（30）：140-142.

[25] 祖学智. 我国汽车维修行业的现状及发展对策 [J]. 黑龙江交通科技，2007，30（3）：101.

[26] 王志江. 政府对汽车维修行业规范化管理的研究 [D]. 天津：天津大学，2005.

[27] 王菊贞. 浅谈汽车维修行业的现状及对策 [J]. 现代商业，2007（6）：4.

[28] 李川. 浅淡现代汽车修理人才的培养 [J]. 邢台职业技术学院学报，2006（10）：17.

[29] 戴旭东,杨兆建. 机械设备针对性维修策略研究 [J]. 工程机械与维修，2001（6）：89.

[30] 戴伟华,徐国强. 废旧汽车拆解工艺的选择 [J]. 有色冶金设计与研究，2010，31（5）：46-51.

第4章 汽车维修与拆解行业清洁生产审核方法

4.1 清洁生产审核概述

4.1.1 清洁生产审核的概念

《清洁生产审核办法》(国家发展改革委、环境保护部 2016 年 第 38 号令)指出:清洁生产审核,是指按照一定程序,对生产和服务过程进行调查和诊断,找出能耗高、物耗高、污染重的原因,提出减少有毒有害物料的使用、产生,降低能耗、物耗以及废物产生的方案,进而选定并实施技术经济及环境可行的清洁生产方案的过程。

清洁生产审核是对审核主体现在的和计划进行的生产经营活动实行预防污染的分析和评估,是企业实行清洁生产的重要前提。

在实行预防污染分析和评估的过程中,制定并实施减少能源、水和原辅材料使用,消除或减少生产(服务)过程中有毒物质的使用,减少各种废物排放及减少其毒性的方案。

通过清洁生产审核,达到:

① 核对有关单元操作、原材料、产品、用水、能源和废物的资料;

② 确定废物的来源、数量以及类型,确定废物削减的目标,制定经济有效的削减废物产生的对策;

③ 提高审核主体对由削减废物获得效益的认识和知识；

④ 判定审核主体效率低的瓶颈部位和管理不善的地方；

⑤ 提高审核主体经济效益和产品质量。

4.1.2 清洁生产审核原理

清洁生产审核的对象是企业，其目的有两个：一是判定出企业中不符合清洁生产的地方和做法；二是提出方案解决这些问题，从而实现清洁生产。通过清洁生产审核，对企业生产全过程的重点（或优先）环节、工序产生的污染进行定量监测，找出高物耗、高能耗、高污染的原因，然后有的放矢地提出对策、制订方案，减少和防止污染物的产生。

清洁生产审核的总体思路可以用一句话来介绍，即判明废弃物的产生部位，分析废弃物的产生原因，提出减少或消除废弃物方案，如图4-1所示。

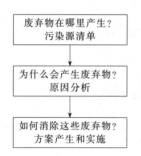

图4-1 清洁生产审核原理和思路

对废弃物的产生原因分析主要针对八个方面进行。

1) 原辅材料和能源　原材料和辅助材料本身所具有的特性，例如毒性、难降解性等，在一定程度上决定了产品及其生产过程对环境的危害程度，因而选择对环境无害的原辅材料是清洁生产所要考虑的重要方面。

2) 技术工艺　生产过程的技术工艺水平基本上决定了废弃物的产生排放、废弃物回用、原辅材料和能源、生产过程、技术工艺、设备过程控制、管理、员工、产生量和状态，先进而有效的技术可以提高原材料的利用效率，从而减少废弃物的产生，结合技术改造预防污染是实现清洁生产的一条重要途径。

3) 设备　设备作为技术工艺的具体体现，在生产过程中也具有重要作用，设备的适用性及其维护、保养等情况均会影响到废弃物的产生。

4）过程控制　过程控制对许多生产过程是极为重要的，直接影响到原料的利用效率。

5）服务　服务流程的优化能够提高工作效率，降低资源消耗。

6）废弃物　废弃物本身所具有的特性和所处的状态直接关系到它是否可现场再用和循环使用。

7）管理　加强管理是企业发展的永恒主题，任何管理上的松懈均会严重影响到废弃物的产生。

8）人员　任何生产过程，无论自动化程度多高，从广义上来讲均需要人的参与，再则员工素质的提高及积极性的激励也是有效控制生产过程和废弃物产生的重要因素。

4.1.3　清洁生产审核程序

清洁生产审核程序应包括审核准备、预审核、审核、方案产生和筛选、方案确定、方案实施和持续清洁生产。

审核准备阶段应宣传清洁生产理念，成立清洁生产审核小组，制订审核工作计划。

预审核阶段应通过现场调查、数据分析等工作，评估汽车维修与拆解企业清洁生产水平和潜力，确定审核重点，设置清洁生产审核目标，同时应实施无/低费清洁生产方案。

审核阶段应通过物料平衡、水平衡、关键因子平衡、能量平衡等测试工作，系统分析能耗、物耗、废物产生的原因，提出并实施无/低费方案。

方案产生和筛选阶段应产生和筛选清洁生产方案，核定与汇总已实施无/低费方案的实施效果。

方案确定阶段应按市场调查、技术评估、环境评估、经济评估的顺序对方案进行论证，确定最佳可行的推荐方案。

方案实施阶段应组织方案实施达到预期清洁生产目标。

持续清洁生产阶段应通过完善清洁生产管理机构和制度，在汽车维修与拆解企业建立持续清洁生产机制，达到持续改进的目的。清洁生产审核流程及各阶段工作内容如表4-1所列。

表 4-1　清洁生产审核流程及各阶段工作内容

序号	阶段	工作内容
1	审核准备	(1)取得领导支持； (2)组建审核小组； (3)制订审核工作计划； (4)开展宣传教育
2	预审核	(1)准确评估企业技术装备水平、产排污现状、资源能源消耗状况和管理水平、绿色消费宣传模式等； (2)发现存在的主要问题及清洁生产潜力和机会，确定审核重点； (3)设置清洁生产审核目标； (4)实施无/低费清洁生产方案
3	审核	(1)收集汇总审核重点的资料； (2)物料平衡、水平衡、关键因子平衡、能量平衡测试； (3)能耗、物耗、废物产生分析； (4)提出并实施无/低费方案
4	方案产生和筛选	(1)筛选确定清洁生产方案，筛选供下一阶段进行可行性分析的中/高费方案； (2)核定与汇总已实施无/低费方案的实施效果
5	方案确定	(1)对会造成服务规模变化的清洁生产方案进行必要的市场调查，以确定合适的技术途径和生产规模； (2)按技术评估→环境评估→经济评估的顺序对方案进行分析，技术评估不可行的方案，不必进行环境评估；环境评估不可行的方案，不必进行经济评估； (3)技术评估应侧重方案的先进性和适用性； (4)环境评估应侧重于方案实施后可能对环境造成的不利影响（如污染物排放量增加、能源资源消耗量增加等）； (5)经济评估应侧重清洁生产经济效益的统计，包括直接效益和间接效益
6	方案实施	(1)清洁生产方案的实施程序与一般项目的实施程序相同，参照国家、地方或部门的有关规定执行； (2)总结方案实施效果时，应比较实施前与实施后，预期和实际取得的效果； (3)总结方案实施对企业的影响时，应比较实施前后各种有关单耗指标和排放指标的变化
7	持续清洁生产	(1)建立和完善清洁生产组织； (2)建立和完善清洁生产管理制度； (3)制订持续清洁生产计划； (4)编制清洁生产审核报告

4.2　审核准备阶段工作要点

审核准备阶段需要成立清洁生产审核小组，制订审核工作计划；宣传清洁生产理念，消除思想障碍，调动全体员工参与清洁生产审核的积极性。

其主要工作内容如下。

(1) 取得领导支持

利用内部和外部的影响力,及时向企业领导宣传和汇报,宣讲清洁生产审核可能给企业带来的经济效益、环境效益、社会效益、无形资产的提高和推动技术进步等方面的好处,讲解国家和地方清洁生产相关政策法规,介绍国内外其他汽车维修与拆解企业推行清洁生产工作的成功实例,以取得企业高层领导的支持。

(2) 组建审核小组

成立清洁生产审核领导小组和工作小组。组长应由总经理直接担任,或由其任命主管能源环保或工程、后勤的副总经理担任。成员要求具备清洁生产审核知识,熟悉汽车维修与拆解行业的运营、管理等情况,由各相关部门以及作为审核重点的部门的人员组成,机修、喷烤漆部门的人员必须参加。

(3) 制订审核工作计划

计划包括工作内容、进度、参与部门、负责人、产出等。

(4) 开展宣传教育

利用企业现行各种例会或专门组织宣传培训班,采取专家讲解、电视录像、知识竞赛、参观学习等方式,对全体员工或分批次进行宣传教育。由于汽车维修与拆解行业员工流动率较高,应注重对员工的持续宣传教育工作。主要内容应包括但不限于:清洁生产概念、政策法规、产业政策和环境保护法规、环境保护标准、国家和地方节能减排鼓励政策、清洁生产审核程序及方法、典型清洁生产方案、绿色技术、能源环境管理制度建设及执行方式等。

4.3 预审核阶段技术要求

4.3.1 目的及要求

预审核阶段主要目的及要求如下:

① 准确评估汽车维修与拆解企业技术装备水平、产排污现状、资源能源消耗状况和管理水平、绿色消费宣传模式等;

② 发现存在的主要问题及清洁生产潜力和机会,确定审核重点;

③ 设置清洁生产审核目标；

④ 实施无/低费清洁生产方案。

4.3.2 现状分析

4.3.2.1 汽车维修业现状分析

汽车维修业清洁生产现状分析应包括以下几个方面。

(1) 单位概况

包括基础信息、地理位置、组织机构等。填写基本情况调查表，考察是否存在影响周边环境和居民的情况。

(2) 企业生产服务状况

说明汽车维修企业主要服务项目，包括汽车维修全过程工艺（钣金、喷烤漆、洗车）、设备及运行状态。分析工艺流程的合理性、先进性。统计设备设施的基本情况（汽车维修企业举升设备、故障诊断设备型号、喷烤漆房等设备设施）、供配电系统、中央空调系统、供暖系统、给排水系统、消防系统设备等；统计设备型号、功率等参数，并与国家和地方政策进行对比分析；填写主要设备情况表和单位近3年运营情况表等。

(3) 资源能源利用情况

统计汽车维修近3年逐月资源消耗量（电力、市政热力、燃气、燃油等），计算单位单车能源消耗量、单车新鲜水取水量；分析重点资源消耗环节的情况。

(4) 原辅材料消耗情况

分析汽车维修企业零配件采购、消耗及报废情况，统计机油、漆料等消耗情况，重点考察涂料、稀释剂、固化剂、清洗剂等其他有机原材料的种类、数量及VOCs含量；分析节约零配件、原辅料消耗量的措施。

(5) 企业环境保护状况

① 喷烤漆房种类及废气排放量、排放浓度（包括喷烤漆有机废气和柴油燃烧废气）、喷烤漆废气净化设施、打磨工序粉尘、焊接烟尘净化设施运营及净化效率。

② 钣金噪声、设备噪声情况。

③ 调查废机油、废机油滤芯、吸漆棉、废漆渣、废防冻液等含涂料废物及废活性炭等危险废物的产生、收集、贮存及处置情况，危险废物申报登记、转移联单等环保制度执行情况；调查废轮胎、一般固废的回收利用情况。

④ 污水排放总量及污染物浓度、污水处理（隔油）设施规模、排放标准，生产车间地面硬化及防渗处理情况；绘制污染物处理工艺流程图；填写企业近3年污染物情况表。

⑤ 评价企业执行国家及当地环保法规及行业排放标准的情况、固体废物处理处置和综合利用情况等，危险废物处置情况。

（6）节能环保技术应用情况

分析节能灯/LED灯使用情况、节水器具使用情况、中水使用情况和效果等（包括中水水源、回用量、回用方向等）。

（7）绿色消费情况

分析倡导低碳节能消费等制度和措施执行效果，如是否在接待区显著位置提醒客人节能减排，是否建立客人共同参与节能的奖励机制等。

（8）单位管理状况

包括物料及零配件的采购、贮存、固体废物处理处置等全过程管理状况，环境管理体系执行情况，员工节能环保意识水平等。

（9）第三方管理

分析企业对相关服务方管理情况，如是否对零配件供应商提出资源回收利用等清洁生产要求。

4.3.2.2 汽车拆解行业现状分析

汽车拆解行业清洁生产现状分析应包括以下几个方面。

（1）单位概况

包括基础信息、地理位置、组织机构等。填写基本情况调查表，考察是否存在影响周边环境和居民的情况。

（2）企业生产服务状况

说明企业拆解车辆的主要种类。调查拆解工艺是以手工拆解为主还是以机械拆解为主，调查所用拆解设备种类及运行状态，包括切割设备、拆解机械、废液收集装置和分类存放各种废液的专用密闭容器、机油滤清器和蓄电池的容器；调查拆解车辆残余汽油、柴油、防冻液、冷媒回收利用情况，说明企业供配电系统、中央空调系统、给排水系统、消防系统、供暖系统设备等。

（3）资源能源利用情况

统计汽车拆解企业近 3 年逐月用能种类（电力、市政热力、燃气、燃油等）、水、氧气、乙炔气、丙烷气等消耗量，计算单位吨车能源消耗量；分析拆解切割环节能耗。

（4）原辅材料消耗情况

分析统计氧气、乙炔气等用量。

（5）企业环境保护状况

重点考察固体废物、危险废物（废矿物油与含矿物油废物、含汞废物、石棉废物、其他废物、废催化剂）产生量及分类情况、处理处置状况和废物资源综合利用情况，绘制污染物处理工艺流程图；分析气焊产生污染物的情况；填写企业近 3 年污染物情况表。评价企业执行国家及当地环保法规及行业排放标准的情况。

（6）节能环保技术应用情况

调查气动切割工具、液压设备及其他机械工具的使用情况，调查大型成套机械化拆解装备使用情况。

（7）单位管理状况

包括拆解企业固体废物、危险废物处理处置等全过程管理状况，环境管理体系执行情况，员工节能环保意识水平等。

4.3.3 现状调研方法

主要调研方法包括：查阅设计图纸，设备清单等；查阅各项记录，原辅材料采购报表、水耗表、能耗表、设备运行记录表、废物贮存运输报表、环境监测表、事故记录表、检修记录等；与企业各级别工作人员座谈，了解并核查经营服务过程主要存在的问题，听取意见和建议，筛选关键问题和工序，征集无/低费方案。

4.3.4 清洁生产水平评价和政策符合性分析

① 在资料调研、现场考察及专家咨询的基础上，对比水平较先进的汽修及拆解企业的能源消耗、资源消耗、环境保护状况和管理水平，对现状进行初步评估。

② 在同类汽车维修与拆解企业（单位）节能环保水平和本企业（单位）节能环保现状的调查基础上，对差距进行初步分析。评价企业（单位）在现有工艺、设备和管理水平下能源、资源消耗，产排污状况的真实性、合理性以及相关数据的可信性。

③ 评价企业执行国家及当地环保法规及排放标准的情况，包括水、气、噪声等污染物的排放标准及达标情况等。

④ 对照《用能单位能源计量器具配备和管理通则》（GB 17167）评价能源计量器具配备情况。

⑤ 对照《环境管理体系 要求及使用指南》（GB/T 24001）和《能源管理体系 要求》（GB/T 23331）评价环境和能源管理体系建设和运行情况。

⑥ 评价企业执行国家及当地环保法规及行业排放标准的情况，包括达标情况、缴纳排污费及处罚情况等。以北京市企业为例，根据废水排放去向，执行《汽车维修业水污染物排放标准》（GB 26877）、《水污染物综合排放标准》（DB11/307）；废气执行标准参考《汽车维修业大气污染物排放标准》（DB11/1228）、《大气污染物综合排放标准》（DB11/501）；噪声控制执行《工业企业厂界环境噪声排放标准》（GB 12348）；固体废物处理处置执行《危险废物贮存污染控制标准》（GB 18597），《一般工业固体废物贮存、处置场污染控制标准》（GB 18599）等。

⑦ 参考其他标准及地方管理办法，以北京市企业为例，如《汽车维修业开业条件 第1部分：汽车整车维修企业》（GB/T 16739.1），《报废机动车拆解环境保护技术规范》（HJ 348），《公共生活取水定额 第7部分：洗车》（DB11/554.7），《汽车维修业污染防治技术规范》，《北京市环境保护局关于加强机动车维修和拆解企业危险废物管理工作的通知》（京环发

〔2010〕147号),《北京大气污染防治条例》(北京市人民代表大会公告 第3号)等进行分析和评价。

4.3.5 确定审核重点

根据收集的有关信息,将企业生产过程的若干问题或环节作为备选审核重点。

汽车维修业的清洁生产审核重点包括但不限于以下部分。

① 污染严重的环节或部位:调漆、喷烤漆工序的有机废气;钣金打磨工序的打磨粉尘、设备噪声;机修、喷烤漆工序产生的危险废物。

② 原料损失、水耗、能耗大的环节或部位:喷漆工序涂料的利用和浪费、洗车环节水的消耗。

③ 环境及公众压力大的环节或问题:喷烤漆工序废气排放和钣金工序中的噪声影响。

④ 有明显的清洁生产机会的环节:喷烤漆环节、洗车环节。

汽车拆解业的清洁生产审核重点包括但不限于以下部分。

① 污染严重的环节或部位:使用气焊等工具的大气污染排放;矿物油收集过程产生的挥发性有机物;报废汽车移动搬运噪声、汽车拆解设备噪声;拆解过程中一般固体废物回收利用环节;危险废物(废矿物油与含矿物油废物、含汞废物、石棉废物、其他废物、废催化剂)处理处置环节。

② 原料损失、水耗、能耗大的环节或部位:切割工序能源的消耗。

③ 环境及公众压力大的环节或问题:切割噪声、拆解作业中废机油、废汽油等的跑、冒、滴、漏等。

④ 有明显的清洁生产机会的环节:危险废物规范化管理、拆解产物综合利用环节等。

4.3.6 设置清洁生产目标

针对审核重点设置目标。清洁生产目标应该定量化、可测量、可操作,并具有激励作用。清洁生产目标应分为近期目标和中远期目标。

设置清洁生产目标的依据:

① 必须满足国家和地方的环境管理法规或政策的要求;

② 参照国内相近规模，技术、设备先进的企业；
③ 参照清洁生产先进企业水平和本企业历史最好水平。

汽车维修企业清洁生产目标应包括但不限于：
① 单车综合能耗；
② 单车耗新鲜水量；
③ 水性漆料占比；
④ 水循环利用率；
⑤ 单车废水排放量等。

汽车拆解企业清洁生产目标应包括但不限于：
① 吨车综合能耗；
② 吨车氧气消耗量；
③ 拆解产物资源综合利用率等。

4.4 审核阶段技术要求

4.4.1 目的与要求

审核阶段的主要目的是通过水平衡、能量平衡、物料平衡、关键因子平衡等测试工作，系统分析能耗、物耗、废物产生原因及废物排放等方面的问题，寻找与国内外先进水平的差距，寻找清洁生产潜力，为清洁生产方案的产生提供依据，提出并实施无/低费方案。

4.4.2 工作内容

4.4.2.1 水平衡测试

汽车拆解企业运行过程中不使用水，全部为生活用水。汽车维修企业水污染物排放主要集中在洗车环节，通过水平衡测试，应计算单车新鲜水使用量及洗车环节循环水利用率。汽车维修企业水平衡如图4-2所示。

参照国家和地方相关取水定额等标准进行对标分析，以北京市企业为例，如《公共生活取水定额 第7部分：洗车》（DB11/ 554.7）、《清洁生产评价指标体系 汽车维修及拆解业》（DB11/T 1265）等。

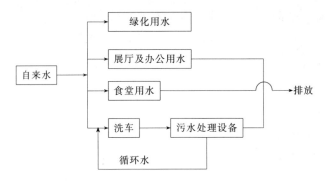

图 4-2　汽车维修企业水平衡示意

汽车维修企业重点环节水平衡示意如图 4-3 所示。

图 4-3　汽车维修企业重点环节水平衡示意

4.4.2.2　能量平衡测试

根据企业实际情况以及审核工作的需要，进行必要的能量测试。测试工具应以电表为主，一、二级电表计量率均应达到 100%。

测试部位主要为企业能源消耗主要环节，如维修企业喷烤漆房、污水处理系统、空调系统、照明系统等；拆解企业的拆解、切割、打包工序等（汽车拆解企业生产、生活用能应单独计量）。通过能量测试，计算测试期间的单车能耗。

能量测试应符合以下基本要求。

① 根据企事业单位实际情况，按《企业能量平衡通则》（GB/T 3484）、《用能设备能量测试导则》（GB/T 6422）、《用电设备电能平衡通则》（GB/T 8222）等规范开展能量平衡测试。

② 能源计量器具配备应符合《用能单位能源计量器具配备和管理通则》（GB/T 17167）。

③ 对能量平衡测试结果进行必要的分析和评价。可参照《评价企业合理用电技术导则》（GB/T 3485）、《评价企业合理用热技术导则》（GB/T 3486）和相关行业能耗限额进行评价；按《综合能耗计算通则》（GB/T

2589)、《企业节能量计算方法》(GB/T 13234) 等测算节能量。

常见能源品种主要包括电力、热力、蒸汽、天然气、柴油、汽油等；根据汽修行业实际情况，进行必要的能量测试，可重点开展电平衡测试。通过能量平衡测试，应计算测试期间的单车综合能耗等指标。汽车维修企业电力平衡如图4-4所示。

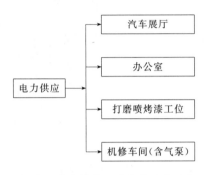

图 4-4　汽车维修企业电力平衡示意

汽车拆解行业能源品种主要包括电力、热力、汽油、丙烷、氧气等；根据汽车拆解行业实际情况进行必要的能量测试；拆解企业主要的能源消耗来自电力消耗，可重点开展电平衡测试。通过能量平衡测试，应计算测试期间的吨车综合能耗等指标。汽车拆解企业电力平衡如图4-5所示。

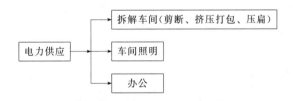

图 4-5　汽车拆解企业电力平衡示意

4.4.2.3　物料平衡测试

物料平衡测试应符合以下基本要求。

① 物料平衡测试是节材的关键。服务业企事业单位可根据自身特点，选择性地开展物料平衡测试。

② 物料平衡测试可参考《工业企业清洁生产审核物料平衡技术规范》。

③ 物料平衡数据获取方式包括现场实测、资料查询、理论计算。

4.4.2.4 污染因子平衡测试

根据自身特点，选择性地开展污染因子平衡测试。通过测试，找出污染物产生的原因。主要污染因子VOCs平衡如图4-6所示。

图4-6 主要污染因子VOCs平衡示意

4.4.2.5 能耗高、物耗高、废物产生量大的原因分析

汽车维修与拆解行业能耗高、水耗高、垃圾产生量大的原因主要包括但不限于：

① 原始设计不合理，导致运营过程节能减排工作难度大；

② 未能使用清洁能源（天然气、电力等），导致污染物排放量大，综合能耗高；

③ 采用落后的维修及拆解技术；

④ 未设置漆雾净化装置；

⑤ 洗车用水未回用；

⑥ 水性涂料使用比例偏低；

⑦ 危险废物未能规范化处置；

⑧ 环境管理体系不健全，无相关制度、机构和专职人员；

⑨ 培训力度低，员工节能减排意识较差；

⑩ 水、电、气计量器具配备率低，不能对关键耗能耗水环节进行量化监督；

⑪ 宣传方式欠缺，尚未引导消费者合理消费，不能有效倡导绿色消费模式；

⑫ 能源管理体系不健全，无相关制度、机构和专职人员；

⑬ 第三方能源环保管理能力低，尚未实现绿色供应链管理模式等。

4.5 方案产生与筛选阶段工作要点

4.5.1 目的与要求

方案产生与筛选阶段的主要目的是通过方案的产生、筛选、研制为下一阶段的可行性分析提供足够的中/高费清洁生产方案。工作重点是根据审核阶段的结果，制订审核重点的清洁生产方案；在分类汇总的基础上（包括已产生的非审核重点的清洁生产方案，主要是无/低费方案），经过筛选确定出两个以上中/高费方案，供下一阶段进行可行性分析，同时对已实施的无/低费方案的效果进行核定与汇总。

4.5.2 工作内容

该阶段需要对方案基础、筛选、研制和现有方案效果进行分析。

清洁生产方案要求通过使用无毒无害原辅材料和环境友好型产品、优化能源消费结构、引导绿色消费等措施，实现节能减排；通过优化服务流程、采用节能节水环保的技术装备、强化能源环境管理等措施，实现节能减排；通过采取废物资源化利用、废水回用、废物无害化处理等措施，实现节能减排。

清洁生产审核应结合行业特点提出清洁生产方案，方案产生方法包括但不限于以下方法：在全单位范围内进行宣传培训，鼓励全体员工提出清洁生产方案或合理化建议；针对审核阶段的平衡分析结果产生方案；广泛收集国内外同行业、同类型单位的清洁生产技术装备状况；参考国家和地方相关行业标准、技术规范等指导性文件，如《汽车维修业开业条件 第1部分：汽车整车维修企业》（GB/T 16739.1）、《报废机动车拆解环境保护技术规范》（HJ 348）、《清洁生产评价指标体系 汽车维修及拆解业》（DB11/T 1265）等；组织行业专家进行技术咨询；从影响原辅材料和能源替代、新技术的采用、设备维护和更新、过程优化控制、废物回收利用和循环使用、改进管理、员工素质的提高以及积极性的激励等方面全面系统地产生方案。

方案筛选需要从技术、环境、经济和实施难易等方面将所有方案进行汇总筛选，以确定可行的无/低费方案、初步可行的中/高费方案和不可行方案；可行的无/低费方案应立即实施，不可行方案暂时搁置或否定；当方案数量较多时，运用权重总和计分排序法，对初步可行的中/高费方案进一步进行筛选和排序。

方案研制主要是对经过筛选的中/高费方案作简要分析，内容包括但不限于：工艺流程详图；主要设备清单；方案的费用和效益估算。

核定与汇总已经实施的无/低费方案的实施效果，应评估投资与运行费用、经济效益和环境效益。

4.5.3 常见清洁生产方案

汽车维修行业清洁生产方案见表4-2，汽车拆解行业清洁生产方案见表4-3。

表 4-2 汽车维修行业清洁生产方案

序号	项 目	清洁生产方案
1	机电维修	超声波清洗零部件技术、制冷剂循环利用技术、尾气收集净化技术、不解体检测诊断技术
2	钣金维修	等离子切割技术、车身焊接技术、车身测量、校正技术
3	涂漆维修	水性涂料替代技术、喷烤漆房废气净化技术、红外线烤漆技术、无尘干磨技术、省漆喷涂技术、喷枪清洗技术
4	总成修复技术	发动机总成修复技术、变速箱总成修复技术
5	气动动力	集中供气技术
6	锅炉	环保低能耗锅炉
7	节水器具	符合CJ 164，安装率达到100%
8	供配电系统	根据用电负荷的大小和性能，合理配置变压器的容量和台数，控制运行负荷为额定容量的70%~90%；变压器应选用高效低耗型
9	照明系统	节能灯符合HJ 2518
10	计量器具	(1)制冷系统、喷烤漆房和照明等各部分能耗进行独立分项计量； (2)洗车房安装水表
11	污水处理	污水排入环境水体的维修企业必须建立污水处理设施，达标后排放
12	废物处理	(1)垃圾分类收集； (2)危险废物规范收集、贮存、处理处置； (3)采用不渗水、密闭、外观整洁的存放系统
13	节能环保宣传	客人活动区域以告示等形式鼓励并引导顾客进行绿色消费
14	职业卫生防护	员工在工作间工作时佩戴口罩，减少有毒有害气体对人体的危害
15	员工培训	包括思想教育、员工技能培训、非正常情况下的应急处理

表 4-3 汽车拆解行业清洁生产方案

序号	项目	清洁生产方案
1	拆解机械化生产线	拆解机械化生产线
2	切割环节	气动切割、电弧焊切割替代乙炔气焊切割
3	汽车设计环节	提倡汽车可拆解性设计
4	节水器具	符合 CJ 164,安装率达到 100%
5	供配电系统	合理配置变压器的容量和台数,变压器应选用高效低耗型
6	照明系统	节能灯符合 HJ 2518
7	计量器具	(1)冷热源、输配系统和照明等各部分能耗进行独立分项计量; (2)重点用能设备应单独安装电表
8	污水处理	建立污水处理设施,达标后排放
9	废物处理	(1)一般废物分类收集利用; (2)危险废物规范收集、贮存、处理处置; (3)危险废物贮存场所、贮存容器符合《危险废物贮存污染控制标准》(GB 18597)、《危险废物收集、贮存、运输技术规范》(HJ 2025)等标准
10	员工培训	包括思想教育、员工技能培训、非正常情况下的应急处理

4.6 实施方案确定阶段技术要求

4.6.1 目的与要求

方案确定阶段需要：按技术评估→环境评估→经济评估的顺序对方案进行分析，技术评估不可行的方案，不必进行环境评估；环境评估不可行的方案，不必进行经济评估。技术评估应侧重于方案的先进性和适用性；环境评估应侧重于方案实施后可能对环境造成的不利影响（如污染物排放量增加、能源资源消耗量增加等）；经济评估应侧重于清洁生产经济效益的统计，包括直接效益和间接效益。

4.6.2 工作内容

市场调查需要进行必要的市场需求调查和预测，确定备选方案和技术途径。

技术评估要求分析工艺路线、技术设备的先进性和适用性；国家、行业相关政策的符合性；技术的成熟性、安全性和可靠性。

　　环境评估需要分析能源结构和消耗量的变化；水资源消耗量的变化；原辅材料有毒有害物质含量变化；废物产生量、排放量和毒性的变化，废物资源化利用变化情况；一次性消耗品减量化情况；操作环境是否对人体健康造成影响。

　　经济评估需要采用现金流量分析和财务动态获利性分析方法，评价指标应包括但不限于以下内容：投资偿还期、净现值、净现值率、内部收益率。

　　应当汇总比较各投资方案的技术、环境、经济评估结果，进而确定最佳可行的推荐方案。

4.7　方案实施阶段技术要求

4.7.1　目的与要求

　　主要目的是对确定的清洁生产方案提出统筹规划和落实实施，并从技术指标、经济收益以及环境效益三个方面评价各类方案实施前后以及实施预期和实际效果比较，汇总已经实施的各类方案的成果。

4.7.2　工作内容

　　程序包括：a. 组织方案实施；b. 汇总已实施的无/低费方案的成果；c. 通过技术评价、环境评价、经济评价和综合评价，评估已实施的中/高费方案的成果；d. 通过汇总环境效益和经济效益，对比各项清洁生产目标的完成情况，评价清洁生产成果，分析总结已实施方案对企业的整体影响。

4.8　持续清洁生产阶段技术要求

4.8.1　目的与要求

　　持续清洁生产阶段的主要目的是完善清洁生产管理体系，及时将审核成果纳入有关操作规程；完善技术规范和其他日常管理制度，巩固成效，使清洁生产在企业内持续开展。

4.8.2 工作内容

建立和完善清洁生产管理制度，应当把审核方法纳入汽车维修和拆解企业的日常管理，建立和完善清洁生产激励机制；在内部建立合理化建议机制；在外部强化与消费者的互动，探索与消费者共享节能减排效益的机制，保证稳定的清洁生产资金来源，从企业内部、金融机构、政府财政等方面获取资金。

制订持续清洁生产计划，包括下一轮清洁生产审核工作计划、清洁生产方案的实施计划、清洁生产新技术的研究与开发计划（可包括但不限于以下内容：绿色维修技术、绿色钣金技术、节省喷涂漆技术、喷烤漆房废气净化技术、干磨技术、点焊或二氧化碳保护焊技术等；拆解企业可包括但不限于以下内容：气动切割技术及相关自动化设备、机械化拆解生产线、资源综合利用技术等）、清洁生产培训宣传计划。

编制清洁生产审核报告，目的在于总结本轮清洁生产审核成果，汇总分析各项调查、实测结果，寻找废物产生和资源能源消耗原因和清洁生产机会，实施并评估清洁生产方案，建立和完善持续推行清洁生产机制。报告在本轮审核全部完成之后进行。

4.9 清洁生产审核清单

清洁生产审核过程需要编制各种工作表和检查清单。工作表和检查清单应根据审核程序进行设计，内容、数量可根据行业和企业情况选择与确定。汽车维修行业清洁生产审核检查清单见表4-4，汽车拆解行业清洁生产审核检查清单见表4-5，包含但不限于表中内容。

表4-4 汽车维修行业清洁生产审核检查清单

序号	项 目	检查结果
1	有无使用超声波清洗零部件技术	
	有无使用制冷剂循环利用技术	
	有无使用尾气收集净化技术	
	有无使用不解体检测诊断技术	

续表

序号	项 目		检查结果
2	有无使用等离子切割技术		
	有无使用车身焊接技术		
	有无使用车身测量、校正技术		
3	有无使用红外线烤漆技术		
	有无使用无尘干磨技术		
	有无使用省漆喷涂技术(如HVLP)		
	有无使用喷枪清洗技术		
4	有无使用发动机总成修复技术		
	有无使用变速箱总成修复技术		
5	有无使用喷烤漆房漆雾净化装置		
	有害挥发物净化装置是否齐全有效		
	运行记录是否良好		
6	单车综合能耗	维修车辆/辆	
		使用电能/(kW·h)	
		柴油/L	
		汽油/L	
		燃煤/t	
		蒸汽/t	
7	单车清洗耗新鲜水量	新鲜水/m^3	
		洗车用水/m^3	
8	水性涂料占比	购买涂料总价/万元	
		环保涂料/万元	
9	洗车水循环利用率	洗车用新鲜水总量/m^3	
		利用的循环水总量/m^3	
		每次洗车用水/m^3	
		每次洗车利用的循环水/m^3	
10	大气污染物	近期环保监测有无大气污染物超标现象	
11	噪声	近期环保监测有无噪声超标现象	
12	水污染物	近期环保监测有无水污染物超标现象	
13	固体废物处理处置率	产生的固体废物/t	
		产生的危险废物/t	
		回收利用的固体废物/t	
		委托外运的固体废物/t	
		交危险废物处置单位处置的危险废物/t	

续表

序号	项 目		检查结果
14	单车清洗污水排放量	洗车废水年均排放量/(m^3/a)	
		单车清洗废水排放量/(m^3/a)	
15	产生的危险废物如废矿物油、涂料废物、废有机溶剂、含铅废物、汽车损坏零部件、废尾气净化装置、废电路板等,是否全部交有资质的危险废物处理机构处置		
16	有无制定颁布专项节能、节材、节水管理制度		
	实施时间		
	有无良好的执行效果		
	有无责任人		
	有无记录		
	有无分析		
	有无改进措施		
17	有无制定颁布固体废物分类贮存、管理制度		
	对废弃蓄电池、电容、尾气净化装置、机油、润滑油、液压油、制动液、维修油液、防爆剂、废含油抹布等其他危险废物有无进行有效收集、贮存		
	有无交由有危险废物经营许可证的单位处置		
	执行效果是否良好		
	有无责任人		
	有无记录		
	有无分析		
18	是否完成建设项目环保"三同时"		
19	企业采购配件有无向具有合法资质的配件经销商采购渠道的管理制度、合格供方名册、对合格供方的定期评价制度及评价记录		
	是否建立有针对采购人员和供应商的监管体系		
	是否选用了环保产品、设备		
20	有无倡导节约、环保和绿色消费的宣传行动,对消费者的节约、环保消费行为提供鼓励措施(店内宣传等)		
21	最近1年内,有无环保投诉		
	最近1年内,产生环保投诉,是否得到投诉人谅解		

表 4-5　汽车拆解行业清洁生产审核检查清单

序号	项　　目		检查结果
1	是否以大型成套机械化拆解装备替代人工拆解		
2	是否以气动或其他环保工艺(如大型剪钳机撕裂)等切割技术替代乙炔或氧气气焊切割		
3	汽车暂存场封闭程度	是否全封闭	
		半封闭,顶部有无遮雨设施	
4	汽车暂存、拆解场所地面硬化防渗程度	地面是否硬化、开裂和防渗处理	
		无任何防渗措施	
5	汽车暂存、拆解场所有无设置初期雨水排水沟及隔油池		
6	吨车综合能耗	拆解车辆/辆	
		共计质量/t	
		使用电能/(kW·h)	
		乙炔/L	
		丙烷/L	
		燃煤/t	
		柴油/t	
		汽油/t	
7	吨车新鲜水消耗量	新鲜水/m^3	
		洗车用水/m^3	
8	制冷剂回收处置	报废车辆拆解过程中制冷剂是否进行了有效收集并处置	
9	固体废物资源综合利用率	年回收的固体废物总量/t	
10	大气污染物	近期环保监测有无发现大气污染物超标现象	
11	噪声	近期环保监测有无发现噪声超标现象	
12	水污染物	近期环保监测有无发现水污染物超标现象	
13	固体废物处理处置情况	产生的固体废物/t	
		产生的危险废物/t	
		回收利用的固体废物/t	
		委托外运的固体废物/t	
		交危废处置单位处置的危险废物/t	
14	危险废物回收处置情况	废弃蓄电池、电容、尾气净化装置、机油、润滑油、液压油、制动液、维修油液、防爆剂等危险废物是否交由有危险废物经营许可证的单位收集处置	

续表

序号	项 目	检查结果
15	有无制定颁布专项节能、节材、节水管理制度	
	实施时间	
	有无良好的执行效果	
	有无责任人	
	有无记录	
	有无分析	
	有无改进措施	
16	有无制定颁布固体废物分类贮存、管理制度	
	执行效果是否良好	
	有无责任人	
	有无记录	
	有无分析	
17	是否完成建设项目环保"三同时"	
18	企业采购配件有无向具有合法资质的配件经销商采购渠道的管理制度、合格供方名册、对合格供方的定期评价制度及评价记录	
	是否建立有针对采购人员和供应商的监管体系	
	是否选用了环保产品、设备	
19	最近1年内,有无环保投诉	
	最近1年内,产生环保投诉,是否得到投诉人谅解	

参考文献

[1] 国家环境保护总局科技标准司. 清洁生产审计培训教材［M］. 北京：中国环境科学出版社，2001.

[2] 张凯，崔兆杰. 清洁生产理论与方法［M］. 北京：科学出版社，2005.

第5章 汽车维修与拆解行业评价指标体系及评价方法

5.1 指标体系概述

目前,我国关于汽车维修和拆解行业的国家和地方的相关法律、法规和标准等文件较少。国家于2007年颁布实施了《报废机动车拆解环境保护技术规范》(HJ 348—2007)。

2014年颁布实施了《汽车维修业开业条件 第1部分:汽车整车维修企业》(GB/T 16739.1—2014),规定了汽车整车维修企业应具备的人员、组织管理、安全生产、环境保护、设施和设备等条件,适用于汽车整车维修企业(一类、二类),是道路运输管理机构对汽车整车维修企业实施行政许可和管理的依据。

北京市于2015年颁布实施了《清洁生产评价指标体系 汽车维修及拆解业》(DB11/T 1265—2015),规定了汽车维修企业及报废汽车回收拆解企业清洁生产评价的指标体系、评价方法和指标解释与数据来源。该标准适用于北京市行政区域内汽车维修企业及报废汽车回收拆解企业清洁生产审核、评估与绩效评价。

5.2 指标体系技术内容

5.2.1 标准框架

《清洁生产评价指标体系 汽车维修及拆解业》(DB11/T 1265—2015)的制

第5章 汽车维修与拆解行业评价指标体系及评价方法

表 5-1 汽车拆解行业清洁生产评价指标项目、权重及基准值

序号	一级指标	一级指标权重	二级指标	基准值单位	二级指标权重	Ⅰ级基准值	Ⅱ级基准值	Ⅲ级基准值
一	生产工艺及装备	30	机电维修技术	—	6	超声波清洗零部件设备,制冷剂循环利用工艺,尾气收集净化技术,不解体检测诊断技术。使用其中4项	超声波清洗零部件设备,制冷剂循环利用工艺,尾气收集净化技术,不解体检测诊断技术。使用其中3项	超声波清洗零部件设备,制冷剂循环利用工艺,尾气收集净化技术,不解体检测诊断技术。使用其中2项
			钣金维修	—	6	等离子切割技术,车身焊接技术,车身测量、校正技术,焊接烟尘处理技术。使用其中4项	等离子切割技术,车身焊接技术,车身测量、校正技术,焊接烟尘处理技术。使用其中3项	等离子切割技术,车身测量、校正技术。使用其中2项
			喷漆维修	—	10	红外线烤漆技术,无尘干磨技术,省漆喷涂技术,喷枪清洗技术,溶剂回收技术。使用其中4项	红外线烤漆技术,无尘干磨技术,省漆喷涂技术,喷枪清洗技术,溶剂回收技术。使用其中3项	红外线烤漆技术,省漆喷涂技术,溶剂回收技术。使用其中2项
			总成修复	—	4	发动机总成修复技术,变速箱总成修复技术	发动机总成修复技术,变速箱总成修复技术	使用其中1项
			烤漆房净化装置	—	4	喷烤漆房有害挥发物净化装置有效运行,运行记录更换记录有明确的记录良好	喷漆房漆雾净化装置有效运行	

续表

序号	一级指标	一级指标权重	二级指标	基准值单位	二级指标权重	Ⅰ级基准值	Ⅱ级基准值	Ⅲ级基准值
二	资源能源消耗	23	单车综合能耗(按标准煤计)	千克/车	7	≤3	≤11	≤12
			单车清洗新鲜水耗	升/车	6	≤8	≤10	≤15
三	资源综合利用	5	环保漆料占比	—	10	≥10	≥9	≥6
			洗车水循环利用率	—	5	≥70	≥65	≥50
四	污染物产生与排放	30	大气污染物①	—	6	符合DB11/1228、DB11/501及相关标准的规定		
			噪声①	dB	6	执行GB 12348的规定		
			水污染物排放①	—	6	符合DB11/307的规定		
			固体废物处理处置率	—	6	100%		
			危险废物回收处置情况①	—	6	危险废物进行规范归集、贮存,并交由有危险废物经营许可证的单位收集处置		

续表

序号	一级指标	一级指标权重	二级指标	基准值单位	二级指标权重	Ⅰ级基准值	Ⅱ级基准值	Ⅲ级基准值
五	清洁生产管理	12	节能、节材、节水管理	—	5	已制定颁布专项节能、节材、节水管理制度,并已实施,有良好的执行效果并有责任人,有记录,有分析,有改进	已制定颁布专项节能、节材、节水管理制度的,实施时间一年以内,但无记录,无分析的	已制定颁布专项节能、节材、节水管理制度的
			固体废物管理制度	—	4	已制定颁布固体废物分类贮存、管理制度,对危险废物进行有效收集贮存,并交由有危险废物经营许可证的单位收集处置,执行效果良好,有责任人,有记录,有分析,有改进	已制定颁布固体废物分类贮存、管理制度,对危险废物经营行有效收集、贮存,并交由有危险废物经营许可证的单位收集处置	
			相关方环境管理	—	2	企业采购配件有向具有合法资质的配件经销商采购渠道,对合格供方的定期评价制度及评价记录,建立针对采购人员和供应商的监管体系,选用环保产品、设备	已制定颁布有向具有合法资质的配件经销采购渠道的管理制度,合格供方名册,建立针对采购人员和供应商的监管体系	
			绿色宣传	—	1	有倡导节约、环保和绿色消费的宣传行动,对消费者的节约、环保消费行为提供激励措施	有倡导节约、环保和绿色消费的宣传行动	

① 限定性指标。

表 5-2　汽车拆解行业清洁生产评价指标项目、权重及基准值

序号	一级指标	一级指标权重	二级指标	基准值单位	二级指标权重	Ⅰ级基准值	Ⅱ级基准值	Ⅲ级基准值
一	生产工艺及装备	34	机械自动化设备	—	7	以机械化拆解设备替代人工拆解	以机械化拆解装备替代人工拆解	—
			低污染切割技术	—	10	以气动或其他环保工艺（如大型剪钳机撕裂）切割技术替代氧气乙炔或氧气气焊切割		
			汽车拆解场封闭程度	—	5	全封闭或半封闭		顶部有遮雨设施
			汽车暂存、拆解场所地面硬化防渗程度	—	5	地面硬化，无开裂，并有防渗处理		
二	资源能源消耗	12	初期雨水收集及处理	—	5	汽车暂存、拆解场所设置初期雨水排水沟及隔油池		
			吨车综合能耗（按标准煤计）	kg/t	12	≤15	≤20	≤25
三	资源综合利用	12	制冷剂回收处置	—	6	制冷剂进行有效收集并处置		
			固体废物资源综合利用率	—	6	≥70%	≥65%	≥60%
四	污染物产生与排放	30	大气污染物	—	6	符合 DB11/501 及相关标准的规定		
			厂界噪声①	dB	6	执行 GB 12348 的规定		
			水污染物排放①	—	6	符合 DB11/307 的规定		
			固体废物处理处置率	%	6	100		
			危险废物收集处置情况①	—	6	危险废物进行规范归集、贮存，并交由有危险废物经营许可证的单位集中处置		

续表

序号	一级指标	一级指标权重	二级指标	基准值单位	二级指标权重	Ⅰ级基准值	Ⅱ级基准值	Ⅲ级基准值
五	清洁生产管理	16	节能、节材、节水管理	—	6	已制定颁布专项节能、节材、节水管理制度的,并已实施时间1年以上,有良好的执行效果并有责任人,有制度,有改进,有分析	已制定颁布专项节能、节材、节水管理制度的,实施时间1年以内,有记录,无分析	已制定颁布专项节能、节材、节水管理制度的
			固体废物管理制度	—	4	已制定颁布固体废物分类贮存、管理制度,对危险废物进行有效归集贮存,并交由有危险废物经营许可证的单位收集处置,执行效果良好,有责任人,有制度,有改进	已制定颁布固体废物分类贮存、管理制度,对危险废物进行有效归集贮存,并交由有危险废物经营许可证的单位收集处置	已制定颁布专项节能、节水管理制度,但无节材、节水管理制度的
			相关方环境管理		2	企业采购配件有向具有合法资质的配件经销商采购渠道的管理制度,合格供方名册,对合格供方的定期评价制度及评价记录,建立针对采购人员和供应商的监督体系,选用环保产品、设备		

① 限定性指标。

定参照了《清洁生产评价指标体系编制通则》（试行稿）（国家发展改革委公告 2013 年 第 33 号），其主要框架包括前言、适用范围、规范性引用文件、术语和定义、评价指标体系、评价方法、指标计算方法及数据来源七方面内容。

5.2.2 技术内容

《清洁生产评价指标体系 汽车维修及拆解业》（DB11/T 1265—2015）本着不交叉的原则，分别制定了汽车维修行业和汽车拆解行业的清洁生产评价指标体系。在进行清洁生产水平评价时，如某一审核主体涉及多行业应参照相应行业清洁生产评价指标体系。本着具体问题具体分析的原则，可从资源能源消耗比例、污染物排放比例、营业收入等方面进行综合分析，确定该审核主体各业态单元的清洁生产权重，然后结合指标体系进行打分求和，得到该审核主体综合得分。

汽车维修业清洁生产评价指标项目、权重及基准值见表 5-1，汽车拆解行业清洁生产评价指标项目、权重及基准值见表 5-2。

按照评价指标体系对企业的相关情况进行打分，得到最后的综合评价指标，根据指标值，将企业清洁生产水平划分为三级，即清洁生产领先水平企业、清洁生产先进水平企业、清洁生产企业。清洁生产等级对应的综合评价指标如表 5-3 所列。

表 5-3　清洁生产等级对应的综合评价指标

清洁生产等级	名称	清洁生产综合评价指标值（P）
一级	清洁生产领先水平企业	$P \geqslant 90$
二级	清洁生产先进水平企业	$80 \leqslant P < 90$
三级	清洁生产企业	$70 \leqslant P < 80$

5.3　指标体系技术依据

5.3.1　汽车维修行业技术内容确定依据

5.3.1.1　生产工艺及装备

（1）机电维修

该标准规定在机电维修作业过程中，超声波清洗零部件设备、制冷剂循环利用设备、尾气收集净化装置、不解体检测诊断工艺,至少使用其中2项。

超声波清洗设备是利用超声波在液体中的空化作用、加速度作用及直进流作用对金属零件直接、间接作用,使污物层被分散、乳化、剥离而达到清洗目的。其优点包括:清洗工件效果好,清洁度高且全部工件清洁度一致;清洗速度快,提高生产效率,不需人手接触清洗液,安全可靠;对深孔、细缝和工件隐蔽处亦可达到清洗要求;对工件表面无损伤,节省溶剂、热能、工作场地和人工等;可与防锈、磷化、漂洗、干燥等工艺过程结合操作。

制冷剂循环利用设备是通过制冷剂循环系统,实现制冷剂循环使用,从而达到资源节约目的的设备。

尾气收集净化装置是在催化剂的作用下使尾气得到净化,以减轻对环境污染的装置。

不解体检测诊断工艺综合采集汽车发动机综合分析检测组件、汽车电控故障诊断系统组件、排气分析、不透光烟度测量组件和底盘悬挂系统等各单元的检测数据,可以快速、全面地检查诊断多种汽车故障。

(2) 钣金维修

该标准规定在钣金维修作业过程中,等离子切割工艺、车身焊接工艺、车身测量及校正工艺、焊接烟尘处理装置,至少使用其中2项工艺。

等离子切割工艺是利用高温等离子电弧的热量使工件切口处的金属局部熔化和蒸发,并借助高速等离子的动量排除熔融金属以形成切口的一种加工方法。等离子切割配合不同的工作气体可以切割各种氧气切割难以切割的金属,尤其是对有色金属(不锈钢、铝、铜、钛、镍)切割效果更佳;其主要优点在于切割厚度不大的金属的时候,等离子切割速度快,尤其在切割普通碳素钢薄板时,速度可达氧切割法的5~6倍,切割面光洁、热变形小、几乎没有热影响区。

车体车身构件主要由冲压和焊接工艺性良好的冷轧钢板冲压件经装配、焊接制成。运用焊接技术,可以降低车身重量从而达到省油的目的;可以提高车身的装配精度,从而提高车身的安全性;还可以降低汽车车身制造过程中的冲压和装配成本,减少车身零件的数目,提高车身一体化程度。

车身测量在事故汽车修复工作中占据着极其重要的位置,是修复工作中最重要的环节和确保最终维修质量的有力保证。车身测量一般可以分为尺寸比较法和目测法两种:目测法需要钣金维修技师有非常丰富的实际工作经验，而且此法所获得的最终维修质量往往是不能令人满意的；尺寸比较法具有相当高的精度，是工作中最为常用的一种方法，但它有时也会受到测量工具的精确程度、性能等方面的影响。

车辆受到严重撞击后，车身的外覆盖件和结构件钢板都会发生变形。车身外覆盖件的损伤可以用锤子、垫铁和外形修复机来修理，但车身结构件的损伤修理仅仅使用这些工具是无法完成的。车架式车身的车架和整体式车身结构件非常坚固与坚硬，强度非常高，这些部件必须用车身校正仪的巨大液压力量才能够进行修复操作。

焊接烟尘又称电焊烟雾，是指焊接操作中经常产生的一些颗粒物。焊接烟尘净化器用于焊接、切割、打磨等工序中产生的烟尘和粉尘的净化，可去除大量悬浮在空气中对人体有害的细小颗粒，适用于手把焊、电弧焊、二氧化碳保护焊、MAG焊接、碳弧气刨焊、气熔割、特殊焊接等产生烟气的作业场所。采用焊接烟尘处理装置可以有效控制环境污染，降低职业病发生率。

（3）喷漆维修

该标准规定在喷漆维修作业过程中，红外线烤漆设备、无尘干磨工艺、省漆喷涂工艺、喷枪清洗设备、溶剂回收设备，至少使用其中2项工艺。

红外线烤漆设备主要是充分利用了红外线的特点，红外线具有反射性、渗透性和共振性。由于红外线具有优越的反射性，使得红外线在空间内随处反射，因而被烘干物体随时都可接触到红外线的辐射；红外线的渗透性有效地渗透到漆层的里面，可以做到由最内层向外层逐步烘干，而共振性能有效地与被烤物体的分子产生共振和摩擦，有效地提高烘干温度和环节温度，从而达到快速烘干的目的。红外线烤漆设备具有使用寿命长、环保无污染、无噪声、无电磁辐射等优点。

无尘干磨是指使用气动工具或电动工具，不用水的打磨方法。打磨产生的粉尘将由同步一体化的吸尘系统"吞食"掉。先进的自动干磨工艺和传统的手工水磨工艺相比主要有三大优势。第一，省时省力。采用水磨的修理厂工位的产出率远低于采用干磨的修理厂。因为人工水磨的切削力远逊于机器干磨，所以用水磨的油漆师傅打磨同样的工件必须花干磨的油漆师傅3倍的时间。而且水磨的油漆师傅必须等每道水磨工序的工作区域干透，才能进行下一道工序。这样无论是工序所费时间还是工序间的等待时间，干磨比水磨都大大缩短了，采用自动干磨的油漆师傅能在同一个工位完成更多的车。第二，环保。干磨工艺的环保是显而易见的，水磨工艺不但会产生大量的污水，而且水磨油漆师傅的手终年泡于脏水中会造成对手的损害，特别是在我国的北方地区，在冬天水磨油漆师傅的工作就变得更为辛苦。而与之相比，干磨工艺不需要用水，并采用了无尘技术，特别是再配以主动集尘式干磨系统，一个干净环保的喷漆车间是完全可以实现的。随着我国的劳动法和环保法规的日趋完善，加之工人的自我保护意识的加强，环保已成为不可回避的问题。第三，也是最为重要的一点，即漆面处理效果好。干磨工艺的最大好处就是漆面处理效果好，大大减少返工。干磨工艺由于是机器打磨，所以工件表面非常平整，而且由于整个过程工件表面没有水，所以避免了水磨常见的橘皮、气泡、砂痕等导致返工的问题。综上所述：环保的自动干磨代替传统的手工水磨不但大大提高了工作效率，而且还提高了工作质量和工作环境；从长远来看，干磨工艺的单位成本也会远低于手工水磨。干磨工艺的普及使用是必然的发展趋势。

  汽车喷漆工艺包括检验钣金修复件的线条、打磨及修饰斜边、使用压力枪及除硅清洁剂清除车身上的灰尘及污渍、清漆喷涂、烤干、打蜡抛光等步骤。采用省漆喷涂工艺不仅可以减少涂料的使用，节约资源，还有助于减少涂料使用和浪费所产生的污染物排放。

  在喷涂工艺结束后，喷枪中还有一定的涂料残留。此时，采用喷枪清洗设备对喷枪进行清洗，不仅可以清理干净使用过的喷枪，还可以将喷枪中剩余的涂料进行回收再利用，达到节能环保的目的。

  溶剂回收设备利用蒸馏原理，通过加热蒸发溶剂变成气态，蒸气进入冷却系统液化流出，从而回收到洁净的有机溶剂，使得废、脏、旧有机溶剂再生，循环再利用，既节省大量采购成本，又减轻对环境的污染。

  （4）总成修复

  该标准规定在总成修复作业过程中，发动机总成修复工艺和变速箱总成修复工艺，至少使用其中1项工艺。

  汽车总成是指由若干零件、部件、组合件或附件组合装配而成，并具有独立功能的汽车组成部分，如发动机、变速器、转向器、前桥、后桥、车身、车架和驾驶室等。在汽车制造、装配或维修工作中，通常把各总成分别作为独立的结构单元来组织生产。一些主要的汽车总成在装车前要按照一定的技术规范进行性能测试。在汽车修理中，有时采取总成互换法，即把某一总成从汽车上拆下来，换上新的或经过修理并检验合格的总成，从而缩短了汽车修理停厂时间，而且有利于修理作业的组织和作业质量的提高。

（5）烤漆房净化装置

该标准规定喷烤漆房有害物质净化装置必须有效运行。

喷烤漆房在工作过程中会产生以苯系物、非甲烷总烃为主的有机污染物，其化学成分复杂，且产品的原料不同，污染物的成分和浓度都不一样。所以必须采用烤漆房净化装置，控制污染物的排放。主要方式如下所述。

① 水喷淋法。其原理是通过将水喷洒废气，将废气中的水溶性或大颗粒成分中的部分沉降下来，达到部分污染物与洁净气体分离的目的，但仍有部分废气中的水溶性或大颗粒成分从顶楼被排放。此法虽经济适用，但不能去除全部漆雾，更不能达到去除异味的效果。

② 直接燃烧法。利用燃气或燃油等辅助燃料燃烧放出的热量，将混合气体加热到一定温度（700～800℃），驻留一定的时间，使可燃的有害气体燃烧。该法工艺简单、设备投资少，但能耗大、运行成本高。这种方法适用于高浓度小风量废气治理。

③ 去异味活性炭吸附法。利用活性炭多微孔的吸附特性吸附有机废气是一种最有效的工业处理手段。活性炭吸附床采用新型柱状活性炭，该活性炭比表面积和孔隙率大，吸附能力强，具有较好的机械强度、化学稳定性和热稳定性，净化效率高达95％。如采用双次吸附床，使有机废气通过与活性炭接触，废气中的有机污染物被吸附在活性炭表面，从而从气流中脱离出来，达到净化的效果。从活性炭吸附床排出的气流已达排放标准，可直接排放。

④ 设喷漆废气处理漆雾净化房。当废气进入喷淋房后，由于截面急剧增大，风速下降，大尘粒（颗粒物）在重力作用下得到沉降；含尘气体在行进过程中，受到从喷头喷出的水滴（雾）作用，颗粒物被沉降下来，由此颗粒物与气体分离。

⑤ 大旋风分离机（也称二级回收）。采用离心原理，尽可能多地去除水漆结合物；减少液态颗粒对后续处理工序的冲击，延长了后续设备的使用周期。

⑥ 干式漆雾处理室（也称干式漆雾过滤器）。为避免喷漆废气处理的二次污染，需采用净化效率高、无二次污染的干式过滤材料净化废气中的漆雾及水分。

5.3.1.2 污染物产生与排放

（1）大气污染物

以北京市为例，大气污染物的排放必须符合《汽车维修业大气污染物排放标准》（DB 11/1228）、《大气污染物综合排放标准》（DB11/ 501）和相关标准的规定。

《汽车维修业大气污染物排放标准》（DB11/ 1228—2015）内容如下。

1）涂料要求 汽车维修过程中使用的处于即用状态的涂料挥发性有机物含量限值（以单位体积涂料中挥发性有机物的质量浓度计，g/L）应执行表 5-4 规定的限值。

表 5-4 涂料挥发性有机物含量限值 单位：g/L

涂料种类	2016 年 12 月 31 日前	2017 年 1 月 1 日后
底漆	670	540
中漆	550	540
底色漆（效应颜料漆、实色漆）	750	420
罩光清漆	560	480
本色面漆	580	420

2）排气筒排放限值

① 喷烤漆房排气筒排放限值。汽车维修过程中，喷烤漆房排气筒大气污染物排放浓度应执行表 5-5 规定的限值。表中，Ⅰ时段是指 2016 年 12 月 31 日前，Ⅱ时段是指 2017 年 1 月 1 日后。

表 5-5 喷烤漆房排气筒大气污染物排放浓度限值 单位：mg/m^3

污染物	Ⅰ时段	Ⅱ时段
苯	1	0.5
苯系物	20	10
非甲烷总烃	30	20

② 喷烤漆房加热炉排气筒排放限值。汽车维修过程中，喷烤漆房加热炉排气筒大气污染物排放浓度应执行表 5-6 规定的限值。

表 5-6　加热炉排气筒大气污染物排放浓度限值　单位：mg/m³

污染物	Ⅰ时段	Ⅱ时段
颗粒物	30	10
二氧化硫	200	20
氮氧化物	200	100

3) 无组织排放监控点浓度限值　无组织排放监控点大气污染物浓度应执行表 5-7 规定的限值。

表 5-7　无组织排放监控点大气污染物浓度限值　单位：mg/m³

监控位置	苯	苯系物	非甲烷总烃	颗粒物
厂房外或露天操作工位旁	0.1	1.0	2.0	1.0

尾气、调漆室废气排放限值应符合《大气污染物综合排放标准》(DBⅡ/501)中表 5-8 的规定。现有源自 2010 年 1 月 1 日起执行第Ⅱ时段标准；新源自 2018 年 1 月 1 日起执行第Ⅱ时段标准。

表 5-8　排气筒 VOCs 排放浓度与总量排放限值

污染源	污染物	最高允许排放浓度/(mg/m³)	
		Ⅰ时段	Ⅱ时段
汽车制造涂装 汽车维修保养	苯	1	1
	甲苯与二甲苯合计	30	18
	非甲烷总烃	50	30

(2) 噪声

厂界噪声值应符合《工业企业厂界环境噪声排放标准》(GB 12348) 的规定，见表 5-9。

表 5-9　工业企业厂界环境噪声排放限值　单位：dB(A)

声环境功能区类别 \ 时段	昼间	夜间
0	50	40
1	55	45
2	60	50
3	65	55
4	70	55

(3) 水污染物排放

水污染物的排放应符合《汽车维修业水污染物排放标准》(GB 26877)、《水污染物综合排放标准》(DB11/307)的规定。

① 直接向环境排放的污染物应符合 DB11/307 要求，具体执行表 5-10 的规定，排入北京市Ⅱ类、Ⅲ类水体及其汇水范围的污水执行 A 排放限值，排入北京市Ⅳ、Ⅴ类水体及其汇水范围的污水执行 B 排放限值。其中新（改、扩）建单位自该标准实施之日起执行；现有单位自 2015 年 12 月 31 日起执行。

表 5-10　排入地表水体的水污染物排放限值

单位：mg/L（注明者除外）

序号	污染物或项目名称	A 排放限值	B 排放限值	污染物排放监控位置
1	悬浮物(SS)	5	10	单位废水总排放口
2	五日生化需氧量(BOD_5)	4	6	
3	化学需氧量(COD_{Cr})	20	30	
4	氨氮	1.0(1.5)	1.5(2.5)	
5	动植物油	1.0	5.0	

注：12 月 1 日～3 月 31 日执行括号内的排放限值。

② 向公共污水处理系统排放的污染物应符合 GB 26877 的要求，自 2013 年 1 月 1 日起现有企业、自 2012 年 1 月 1 日起新建企业全部执行表 5-11 的规定。

表 5-11　排入公共污水处理系统的污染物排放限值

单位：mg/L（pH 值除外）

序号	污染物或项目名称	排放限值	污染物排放监控位置
1	pH 值	6~9	单位废水总排放口
2	悬浮物(SS)	100	
3	化学需氧量(COD_{Cr})	300	
4	五日生化需氧量(BOD_5)	150	
5	石油类	10	
6	阴离子表面活性剂	10	
7	氨氮	25	
8	总氮	30	
9	总磷	3	

(4) 固体废物处理处置

企业固体废物处理处置率一般应达到100%。

固体废物是指在生产、生活和其他活动过程中产生的丧失原有利用价值或者虽未丧失利用价值但被抛弃或者放弃的固体、半固体和置于容器中的气态物品、物质，以及法律、行政法规规定纳入废物管理的物品、物质，不能排入水体的液态废物和不能排入大气的、置于容器中的气态物质。固体废物处理是通过物理的手段（如粉碎、压缩、干燥、蒸发、焚烧等）或生物化学作用（如氧化、消化分解、吸收等）和热解气化等化学作用以缩小其体积、加速其自然净化的过程。控制固体废物对环境污染和对人体健康危害的主要途径是实行对固体废物的资源化、减量化、无害化。

1) 资源的回收　利用对固体废物的再循环利用，回收能源和资源。对工业固体废物的回收，必须根据具体的行业生产特点而定，还应注意技术可行、产品具有竞争力及能获得经济效益等因素。

2) 无害化处置　固体废物的无害化处置是指经过适当的处理或处置，使固体废物或其中的有害成分无法危害环境，或转化为对环境无害的物质。常用的方法有焚烧法、堆肥法、等离子气化法和热解气化法。

3) 减量化处理　通过处理使固体废物数量大大减少。固体废物的主要利用途径为：利用废料做建筑材料，道路工程材料，填垫材料，冶金、化工和轻工等工业原料；从含碳、油或其他有机物质的废物中回收能源；利用含有土壤、植物所需要的元素或化合物的废物作土壤改良剂和肥料。

根据现在的科技发展水平和企业工艺设备的现状，企业在固体废物处置方面均应该达到完全处置。

(5) 危险废物规范贮存情况

危险废物必须进行有效收集、贮存，并交由有危险废物经营许可证的单位收集处置。《危险废物贮存污染控制标准》（GB 18597—2001）相关内容如下。

1) 一般要求

① 所有危险废物产生者和危险废物经营者应建造专用的危险废物贮存设施，也可利用原有构筑物改建成危险废物贮存设施。

② 在常温常压下易爆、易燃及排出有毒气体的危险废物必须进行预处理，使之稳定后贮存，否则按易爆、易燃危险品贮存。

③ 在常温常压下不水解、不挥发的固体危险废物可在贮存设施内分别堆放。

④ 必须将危险废物装入容器内。
⑤ 禁止将不相容（相互反应）的危险废物在同一容器内混装。
⑥ 无法装入常用容器的危险废物可用防漏胶袋等盛装。
⑦ 装载液体、半固体危险废物的容器内必须留足够空间，容器顶部与液体表面之间保留 100mm 以上的空间。
⑧ 盛装危险废物的容器上必须粘贴规范的标签。
⑨ 危险废物贮存设施在施工前应做环境影响评价。

2）危险废物贮存容器
① 应当使用符合标准的容器盛装危险废物。
② 装载危险废物的容器及材质要满足相应的强度要求。
③ 装载危险废物的容器必须完好无损。
④ 盛装危险废物的容器材质和衬里要与危险废物相容（不互相反应）。
⑤ 液体危险废物可注入开孔直径不超过 70mm 并有放气孔的桶中。

5.3.1.3　清洁生产管理

（1）节能、节材、节水管理

该标准规定企业需要制定颁布专项节能、节材、节水管理制度。

为了科学合理地利用资源，减少浪费，降低成本，提高企业整体经济效益，企业应该建立合理的节能、节材、节水制度。

1）节能制度

① 企业节能管理部门负责企业的节能管理工作，根据国家相关的法律法规，加强节能管理，积极采取技术上可行，经济上合理的措施，减少企业生产各个环节中能源的损失和浪费，更有效、合理地利用能源。

② 企业能源供应部门与企业各分厂、车间的运行主管负责人，负责企业能源设备、耗能设备的节能经济运行的日常巡查、监督、检查工作。

③ 企业在进行新厂建设、扩建或工程改造时，工程技术主管部门应严格把关，对工程可行性报告的节能篇和工程节能评估报告书应严格审查，确保工程建设符合国家相关节能法律法规要求，把不合理利用能源和浪费能源的问题控堵在源头。

④ 企业工程建设主管部门在管理工程设计时，严格掌握，设计必须采用节能新工艺、新设备、新材料，正确进行企业能源负荷计算。工程施工、

调试结束时,所有节能措施的设备要同时投入运行。

⑤ 企业设备采购部门在采购关键性设备时,除按设计要求之外,还必须得到节能主管部门的共同论证,确保采购具有节能标识的设备。

⑥ 企业运行计划部门应加强用能管理,合理安排生产工艺、生产班次,做到计划生产、平衡调度,合理调整企业用能设备的工作状态,合理分配与平衡负荷。并严格控制非生产能源使用。

⑦ 企业推进能源消耗目标管理,节能主管部门组织会同有关部门制定企业各种产品的能耗定额指标,并实施单耗考核,能源消耗定额指标考核落实到车间、工段、班组。

⑧ 企业培训宣传部门负责分别对能源设备运行人员和生产工艺操作人员进行节能经济运行专业知识与节能操作规程的培训,并经考核合格后发证上岗。

⑨ 车间生产操作人员对所有动力设备应尽可能减少空载操作。

2) 节材制度

① 企业生产所需要的一切材料,其技术标准由企业运行部门提出,会同企业节能主管部门共同编制,并经企业节能领导小组主管批准后执行。

② 企业材料的供应部门必须严格按照企业审定的技术标准进行市场采购,通过市场的信息调研,制订采购计划,并做好合同的签订、履行等管理,保证生产用材料的需求。

③ 企业材料的供应部门应认真做好材料进厂的检量、检质管理,落实验收制度,进厂的材料都要过秤检量,抽样化验,做好格式化记录,并及时对照计划、合同,核对数量、品种和质量。

④ 企业材料的供应部门对材料入厂全过程发出的各种经营与技术文件必须随实物同时到达并存档,作为运行与结算的依据。

⑤ 做好材料的贮存管理,按照进厂材料的种类、规格、分区存放,标明材料特点,并设专人管理。

⑥ 做好库存管理,定期进行库存盘点,建立库存盘点台账,做到账、物相符。

3) 节水制度

企业经常进行节约用水的教育和宣传,增强全体员工的节约用水意识。各级领导要以身作则,教育和带领员工自觉爱护用水设施与设备,提高水资源的循环利用率。

① 养成节约用水的良好习惯,做到"随手关水""人走水关",防止发

生"常流水"的现象，禁止浪费水资源，发现漏水及时报修，杜绝安全隐患。

② 建立健全节约用水工作责任制，各科室、车间领导为节约用水责任人，负责落实各项节水工作制度，加强对节水工作的奖惩考核。

③ 建立节水用水监督机制，加强节水用水监督工作，及时发现和制止浪费水资源的行为，严肃处理破坏、损坏节水设施、设备的行为。

④ 加强节约用水检查工作，各单位负责人要每日检查，节假日放假前要全面检查，发现问题及时整改，并把节约用水工作列入交接班记录。

⑤ 车间要定期做好用水设施、设备的维修保养工作，确保其处于完好状态。

（2）固体废物管理

企业需要制定颁布固体废物分类贮存、管理制度，对危险废物进行有效归集、贮存，并交由有危险废物经营许可证的单位处置。

（3）相关方环境管理

企业采购配件应建立管理制度、合格供方名册、对合格供方的定期评价制度及评价记录，建立针对采购人员和供应商的监管体系，选用环保产品、设备。

环境保护部（现生态环境部）每年向全社会公开《环境保护综合名录》，包括"高污染、高环境风险"产品（以下简称"双高"产品）名录和环境保护重点设备名录两部分。综合名录在推动构建绿色税收、绿色贸易、绿色金融等环境经济政策方面发挥了巨大的作用。近年来，结合综合名录研究成果，环境保护部先后推动和配合有关部门，出台了一系列环境经济政策：一是将涉重金属的高污染的电池、挥发性有机污染物含量较高的涂料产品纳入消费税征收范围；二是对"双高"产品不予综合利用增值税优惠、不予调高出口退税，目前已有400余种"双高"产品被取消出口退税、禁止加工贸易；三是推动金融机构按照风险可控、商业可持续原则，严格对生产"双高"产品企业的授信管理；四是推动企业实施绿色采购，引导企业避免采购"双高"产品；五是结合推进生活方式绿色化，引导企业和公众减少对"高污染、高环境风险"产品的使用。

企业在采购配件时应参考《环境保护综合名录》，选用环境保护重点设备，拒绝"高污染、高环境风险"产品，规范产品采购体系，在这一环节上实现环保目标。

(4) 绿色宣传

企业需要有倡导节约、环保和绿色消费的宣传行动,对消费者的节约、环保消费行为提供鼓励措施。

在汽车维修店及汽车维修工作场所张贴环保标语和环保宣传画,培养客户和工作人员的节能环保意识。节能环保宣传画范例如图5-1所示。

(a)　　　　　　　　　　　　　　　(b)

图5-1　节能环保宣传画

5.3.2　汽车拆解行业技术内容确定依据

5.3.2.1　生产工艺及装备

(1) 机械自动化设备

企业以大型成套机械化拆解装备替代人工拆解。汽车拆解主要工艺流程如图5-2所示。表5-12为相关设备介绍。

第5章 汽车维修与拆解行业评价指标体系及评价方法

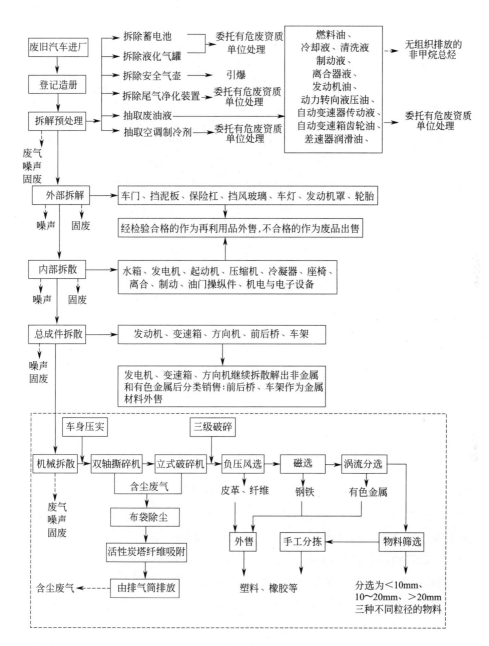

图 5-2 汽车拆解主要工艺流程

表 5-12 相关设备介绍

相关设备	用途及特点
汽车拆解翻转机	结构简单,操作方便。能方便拆卸报废小汽车底部零部件,有效地提高工作效率。同时配备了悬臂起重机,便于拆卸和搬运较大的零部件
汽车拆解升降机	主要用于报废小汽车翻转拆卸前的轮胎拆卸及放油工序。将需要拆卸的报废小汽车置于平台上,升起到需要的高度进行拆卸及放油处理
油水分离机	全套装置由分离机、专用泵、电气控制箱、吸水滤器总成及其他附件等组成。分离机采用自动排油、自动报警工作方式,应急时也可进行手动排油。分离机可配备温度控制和加热装置,可自动加热,对于处理重质柴油和燃料油或油污水具有良好的适应性。处理后水中油量可达到工业废水排放标准
拆车废油(气动)抽取机	主要用于报废汽车拆解作业前将车内油箱残余的燃油或变速箱内的残余机油抽取出来,以免残油对作业场所的环境造成污染与危险
冷媒回收机	一种新型多用途、多功能的冷媒回收设备。回收速度快,操作方便,是报废汽车拆解项目及家用空调、汽车空调等修理行业理想的冷媒回收设备
安全气囊起爆器	通过断开安全气囊的汽车电源及碰撞传感器连接,再接入本装置,通过本装置的电源及代替汽车碰撞传感器向安全气囊启爆控制 CPU 输入引爆信号,CPU 接通气囊引爆电路点火引爆气囊充气元件从而引爆气囊
轮毂液压拆取机	主要用于报废汽车轮胎的轮毂拆取工序。将需要拆解的汽车轮胎置于工作台中央,压扁轮胎后分离拆取轮毂及胎圈。它是一种高效率的轮胎拆取设备

废旧汽车的回收处理注定要走自动化、规模化和产业化之路,只有这样才能做到降低处理成本、实现合理的回收渠道和管理机制。

(2) 低污染切割技术

该标准规定企业需要以气动或其他环保工艺(如大型剪钳机撕裂)等切割技术替代乙炔气焊切割。用环保切割工艺可以达到既经济实惠又安全环保的效果。

(3) 汽车拆解场封闭程度

应分区作业,拆解区域应硬化、具备废水收集措施等,该标准规定汽车拆解场必须全封闭或半封闭,至少顶部有遮雨设施。

汽车拆解场设置为全封闭或半封闭,不仅可以统一高效地管理,还可以防止污染物的无组织排放,达到节能环保的目的。

拆解场地的设置应选择交通比较便利且报废汽车易于集中、工业基础比较好的地方,并考虑水源要充足,供电要有保障等因素。不少拆车企业将拆解场地设置在本企业所属仓库,不失为一种明智的做法。为便于集中使用人力、物力,应根据车源测算出汽车拆解量及分批的进出量,进行统筹规划,绘出平面分布图,标出各工区的场地标识及消防通道,做到"统一规划、合理布局"。露天拆解场地应铺设水泥路面,标出起重设备、运输车辆及其他设备存放和动作区线。工棚上应盖石棉瓦或玻璃钢瓦,配以牢固的支撑材料；永久性固定厂房要注意可容高度和宽度，如能配有行吊则更为理想。拆解场地应划出待拆区、拆解区、危险品存放区及废油或污染物存放区、加工区等，并应建有半成品和成品库区（应配有货架、垫木等）。危险品存放区（特别是电石、乙炔气氧气瓶、乙炔发生器等）、废油类污染物存放区应远离火源，安置在拆解场地的边缘。

（4）汽车暂存、拆解场所地面硬化防渗程度

汽车暂存、拆解场所需地面硬化、无开裂，并有防渗处理。报废汽车存储场地（包括临时存放）的地面要硬化并防止废液渗入地下，地面与裙脚要用坚固防渗透的材料建造，防渗层需要至少1m厚黏土层或2mm厚高密度聚乙烯或其他人工材料，要保证不对空气、土壤、地表水和地下水造成污染，存储场地周边要设置导流渠，地面应防止渗漏。拆解车间应通风、光线良好，安全防范设施齐全，并远离居民区，不得建在城市居民区、商业区及环境敏感区，污染控制区应设有防风、防雨设施；存储场地和拆解车间的总排水口应设置油水分离装置和与其相接的排水沟，能对分离的废油进行回收，污水经处理后直接排入水体的水质满足排放标准的要求。

（5）初期雨水收集及处理

汽车暂存、拆解场所需设置初期雨水隔油池及排水沟。所谓隔油池，就是将汽车拆解作业过程中排放出的大量废水中的油脂、杂物和水分离开的专用池。隔油池的作用是利用废水中悬浮物和水的密度不同而达到油水分离，杂物与水分离的目的。用集油管汇集排除或人工自行排除。分离开的杂物和油脂要定期清淘，定期检查维修。因为排放的油脂容易附着在排污管道内壁上，形成垢体，越积越厚，很难清理，日久累积管道就会流通不畅或堵死。

隔油池定期清理才可以保证隔油池的正常使用。油水分离器工作原理为：隔油池主要由两槽、三槽、四槽分别组成，当废水流到第一槽时杂物框将其中的固体杂物截流除去；进入第二槽后，利用油水密度差使油水分离。废水沿第二槽隔油板向下流动，进入第三槽后从物理装置净化流出，再经出水管收集排出。第二槽中的油珠颗粒物沿隔油板集聚向上漂浮流动，始终浮在隔油池的第二槽内。经过隔油处理的废水则溢流进入排水渠排出池外，进行后续处理，以去除乳化油及其他污染物。

在汽车暂存、拆解场所需设置排水系统。建筑雨水排水系统是建筑物给排水系统的重要组成部分，它的任务是及时排除落在建筑物屋面的雨水和雪水，避免形成屋顶积水而对屋顶造成威胁，或造成雨水溢流、屋顶漏水等水患事故，以保证人们正常的生活和生产活动。

5.3.2.2 资源综合利用

（1）制冷剂回收

制冷剂必须进行有效收集。由于部分老旧车型有可能使用氯氟烃制冷剂，对制冷剂的回收与再利用，是最积极、最有效、最直接减少对臭氧层破坏的办法。

制冷剂可以回收的几个方面主要如下所述。

① 制冷设备的研发、检测、生产过程当中的回收。它的特点是地点集中、单位量大、容易控制，但是由于法规的不健全，可能大家的自觉性不太高。

② 制冷设备的维修和转移过程。特点是地点分散、单位量少、总量大、不易控制。

③ 制冷设备拆解报废的过程。特点是地点比较集中，都集中在回收处理的企业内，单位量不算很大，因为它主要是小的个体、小的企业，但是容易控制。

④ 充填制冷剂后残留在包装钢瓶里的制冷剂。特点是地点分散，单位量少，由于运输困难，需要区域集中回收后再转运。

（2）固体废物资源综合利用率

拆解产物资源综合利用率不小于60%。固体废物对环境的污染已越来越多地引起社会各界的关注，治理固体废物的根本出路除减少产生量外，资源化与综合利用是最积极的措施。固体废物资源化的意义就是对其中的有用物质加以回收和利用的同时，使其无用部分达到无害化、减量化。这样不仅可以提高社会效益，做到物尽其用，并取得一定的经济效益，同时还可达到环境保护的目的。

5.3.2.3 污染物产生与排放

（1）大气污染物

大气污染物的排放必须符合《大气污染物综合排放标准》（GB 16297）

或《大气污染物综合排放标准》(DB11/501)及相关标准的规定。

(2) 厂界噪声

厂界噪声的排放参照《工业企业厂界环境噪声排放标准》(GB 12348)的规定执行。

《工业企业厂界环境噪声排放标准》(GB 12348)部分内容如表5-13所列。

表5-13 工业企业厂界环境噪声排放限值　　单位：dB(A)

时段 声环境功能区类别	昼间	夜间
0	50	40
1	55	45
2	60	50
3	65	55
4	70	55

(3) 水污染物排放

水污染物的排放必须符合《水污染物综合排放标准》，北京市汽车拆解企业水污染物排放必须符合《水污染物综合排放标准》(DB11/307—2013)的规定。

① 直接向地表水体排放污水的单位（村庄生活污水处理站除外），其污染物的排放执行表5-14的规定，排入北京市Ⅱ类、Ⅲ类水体及其汇水范围的污水执行A排放限值，排入北京市Ⅳ类、Ⅴ类水体及其汇水范围的污水执行B排放限值。其中新（改、扩）建单位自该标准实施之日起执行；现有单位自2015年12月31日起执行。

表5-14 排入地表水体的污染物排放限值　　单位：mg/L

序号	污染物或项目名称	A排放限值	B排放限值	污染物排放监控位置
1	悬浮物(SS)	5	10	单位废水总排放口
2	五日生化需氧量(BOD_5)	4	6	单位废水总排放口
3	化学需氧量(COD_{Cr})	20	30	单位废水总排放口
4	氨氮	1.0(1.5)	1.5(2.5)	单位废水总排放口
5	动植物油	1.0	5.0	单位废水总排放口

注：12月1日～3月31日执行括号内的排放限值。

② 排入公共污水处理系统的污染物排放执行表5-15的规定，生活垃圾填埋场的污水排入公共污水处理系统执行GB 16889—2008中表2的规定。

表 5-15　排入公共污水处理系统的水污染物排放限值　　单位：mg/L

序号	污染物或项目名称	排放限值	污染物排放监控位置
1	悬浮物(SS)	400	单位废水总排放口
2	五日生化需氧量(BOD_5)	300	单位废水总排放口
3	化学需氧量(COD_{Cr})	500	单位废水总排放口
4	氨氮	45	单位废水总排放口
5	动植物油	50	单位废水总排放口

（4）固体废物处理处置率

汽车拆解行业固体废物处置同前文汽车维修行业固体废物处置。

（5）危险废物规范贮存情况

该标准规定危险废物必须进行有效归集、贮存，并交由有危险废物经营许可证的单位收集处置。

5.3.2.4　清洁生产管理

汽车拆解行业清洁生产管理同 5.3.1.3 部分。

5.4　评价指标体系应用

5.4.1　应用案例一

某公司是某汽车集团旗下 4S 经销店之一，是整车销售、配件供应、售后服务、信息反馈 4S 汽车销售服务一体化经营。公司占地面积 5700m²，展厅营业面积 1500m²，维修车间面积 4500m²，机修工位 52 个，钣金工位 24 个，喷漆工位 42 个（含喷漆室），其他区域面积 500m²。经过对标分析，清洁生产得分为 71.5 分，根据表 5-16，该公司整体上达到清洁生产企业水平（三级），主要存在问题如下：

① 生产工艺及技术装备水平有待提高；
② 节能节水工作有待加强；
③ 环保漆应用比例有待提高；
④ 资源、能源利用情况和污染物产生处理工作需要进一步改进。

该公司与《清洁生产评价指标体系　汽车维修及拆解业》对比结果如表 5-16 所列。

第5章 汽车维修与拆解行业评价指标体系及评价方法

表 5-16 与《清洁生产评价指标体系 汽车维修及拆解业》对比结果（一）

序号	一级指标	一级指标权重	二级指标	单位	二级指标权重	Ⅰ级基准值	Ⅱ级基准值	Ⅲ级基准值	公司现状	得分/分
一	生产工艺及装备	30	机电维修	—	6	超声波清洗零部件技术、制冷剂循环利用技术、尾气收集净化技术、不解体检测诊断技术。使用其中4项	超声波清洗零部件技术、制冷剂循环利用技术、尾气收集净化技术、不解体检测诊断技术。使用其中3项	超声波清洗零部件技术、制冷剂循环利用技术、尾气收集净化技术、不解体检测诊断技术。使用其中2项	Ⅲ级 制冷剂循环利用技术、不解体检测诊断技术	4.2
			钣金维修	—	6	等离子切割技术、车身焊接技术、车身测量、校正技术、焊接烟尘处理技术。使用其中4项	等离子切割技术、车身焊接技术、车身测量、校正技术、焊接烟尘处理技术。使用其中3项	等离子切割技术、车身焊接技术、车身测量、校正技术。使用其中2项	Ⅲ级 车身焊接技术、车身测量、校正技术	4.2
			喷漆维修	—	10	红外线烤漆技术、无尘干磨技术、省漆喷涂技术、喷枪清洗技术、溶剂回收技术。使用其中4项	红外线烤漆技术、无尘干磨技术、省漆喷涂技术、喷枪清洗技术、溶剂回收技术。使用其中3项	红外线烤漆技术、无尘干磨技术、省漆喷涂技术、喷枪清洗技术、溶剂回收技术。使用其中2项	Ⅲ级 无尘干磨技术、喷枪清洗技术	7
			总成修复	—	4	发动机总成修复技术（不整体更换发动机）、变速箱总成修复技术（不整体更换变速箱）。使用其中2项	发动机总成修复技术、变速箱总成修复技术。使用其中1项	发动机总成修复技术、变速箱总成修复技术。使用其中1项	Ⅰ级	4
			烤漆房漆雾净化装置	—	4	喷烤漆房漆雾净化装置、有害挥发物净化装置齐全有效，有明确的更换记录，运行记录良好	安装有喷漆房漆雾净化装置		Ⅰ级	4

91

续表

序号	一级指标	一级指标权重	二级指标	单位	二级指标权重	I级基准值	II级基准值	III级基准值	公司现状	得分/分
二	资源能源消耗	20	单车综合能耗（按标准煤计）	千克/车	7	3	11	12	8.2	6.09
			单车清洗耗新鲜水量	升/车	6	8	10	15	209	0
			环保漆料占比	%	7	10	9	6	0	0
三	资源综合利用	5	洗车水循环利用率	%	5	70	65	50	0	0
四	污染物产生与排放	30	非甲烷总烃[①]	—	6	符合 DB11/501 及相关标准的规定			符合	6
			噪声[①]	分贝	6	执行 GB 12348—2008 中表 1 的规定			符合	6
			水污染物排放[①]	—	6	符合 DB11/307 的规定			符合	6
			固体废物处理处置率	%	6		100		100	6
			危险废物回收处置情况[①]	—	6	危险废物进行有效归集、贮存，并交由有危险废物经营许可证的单位收集处置			符合	6

第5章 汽车维修与拆解行业评价指标体系及评价方法

续表

序号	一级指标	一级指标权重	二级指标	单位	二级指标权重	Ⅰ级基准值	Ⅱ级基准值	Ⅲ级基准值	公司现状	得分/分
五	清洁生产管理	15	节能、节材、节水管理制度情况	—	5	已制定颁布专项节能、节材、节水管理制度,并已实施一年以上,有良好的执行效果并有责任人,有记录,有分析,有改进	已制定颁布专项节能、节材、节水管理制度,实施时间1年以内,但无分析	已制定颁布专项节能、节材、节水管理制度,未实施	Ⅲ级	3
			固体废物管理制度	—	4	已制定颁布固体废物分类贮存、管理制度,对废弃蓄电池、机油、润滑液、电容、维修油抹布、防爆剂、废含油其他危险废物进行有效收集、贮存,并交由有危险废物经营许可证的单位有效收集处置,执行效果良好,有责任人,有制度,有分析,有改进	已制定颁布固体废物分类贮存、管理制度,对废弃蓄电池、电容、尾气净化装置、机油、润滑油、液压油、制动液、防爆剂、维修油抹布、废含油其他危险废物进行收集、贮存,并交由有危险废物经营许可证的单位收集处置	已制定颁布固体废物分类贮存、管理制度,对废弃蓄电池、机油、润滑液、液压油、制动液、维修油抹布、废含油其他危险废物经营许可证的单位进行有效收集处置	Ⅰ级	4
			相关方环境管理	—	2	企业采购配件有向具有合法资质的配件经销商采购渠道的管理制度及定期评价制度,对合格供方的环保产品、设备	已制定颁布有向具有合法资质的配件经销商采购渠道的管理制度,合格供方名册,建立针对采购人员和供应商的监管体系,选用环保产品、设备		符合	2
			绿色宣传	—	1	有倡导节约、环保和绿色消费的宣传行动,对消费者的节约、环保消费行为提供奖励	有宣传措施		无	0
			环保投诉及处置情况	—	3	1年内无投诉	1年内有投诉,但进行了有效的改进		1年内无投诉	3

① 限定性指标。

表 5-17 与《清洁生产评价指标体系 汽车维修及拆解业》对比结果（二）

序号	一级指标	一级指标权重	二级指标	单位	二级指标权重	Ⅰ级基准值	Ⅱ级基准值	Ⅲ级基准值	公司现状	得分/分
一	生产工艺及装备	30	机电维修	—	6	超声波清洗零部件技术、制冷剂循环利用技术、尾气收集净化技术、不解体检测诊断技术。使用其中4项	超声波清洗零部件技术、制冷剂循环利用技术、尾气收集净化技术、不解体检测诊断技术。使用其中3项	超声波清洗零部件技术、制冷剂循环利用技术、尾气收集净化技术、不解体检测诊断技术。使用其中2项	Ⅲ级 超声波清洗技术、尾气收集净化技术	4.2
			钣金维修	—	6	等离子切割技术、车身焊接技术、校正技术、车身测量、焊接烟尘处理技术。使用其中4项	等离子切割技术、车身焊接技术、车身测量、校正技术、焊接烟尘处理技术。使用其中3项	等离子切割技术、车身焊接技术、车身测量、校正技术、焊接烟尘处理技术。使用其中2项	Ⅲ级 车身焊接技术、车身测量、校正技术	4.2
			喷漆维修	—	10	红外线烤漆技术、无尘干磨技术、省漆喷涂技术、喷枪清洗技术、溶剂回收技术。使用其中4项	红外线烤漆技术、无尘干磨技术、省漆喷涂技术、喷枪清洗技术、溶剂回收技术。使用其中3项	红外线烤漆技术、无尘干磨技术、省漆喷涂技术、喷枪清洗技术、溶剂回收技术。使用其中2项	Ⅲ级 无尘干磨技术、喷枪清洗技术	7
			总成修复	—	4	发动机总成修复技术（不整体更换发动机）、变速箱总成修复技术（不整体更换变速箱）。使用其中2项	发动机总成修复技术。变速箱总成修复技术。使用其中1项	发动机总成修复技术。变速箱总成。使用其中1项	Ⅰ级	4
			烤漆房漆雾净化装置	—	4	喷烤漆房漆雾净化装置齐全有效、有明确的更换记录、运行记录良好	安装有喷烤漆房漆雾净化装置	安装有喷烤漆房漆雾净化装置	Ⅰ级	4

续表

序号	一级指标	一级指标权重	二级指标	单位	二级指标权重	I级基准值	II级基准值	III级基准值	公司现状	得分/分
二	资源能源消耗	20	单车综合能耗(按标准煤计)	千克/车	7	3	11	12	3	7
			单车清洗耗新鲜水量	升/车	6	8	10	15	8	6
			环保漆料占比	%	7	10	9	6	0	0
三	资源综合利用	5	洗车水循环利用率	%	5	70	65	50	0	0
四	污染物产生与排放	30	非甲烷总烃[①]	—	6	符合DB11/501及相关标准的规定(北京市企业)			符合	6
			噪声[①]	分贝	6	执行GB 12348—2008中表1的规定			符合	6
			水污染物排放[①]	—	6	符合DB11/307的规定(北京市企业)			符合	6
			固体废物处理处置率	%	6	100			100	6
			危险废物回收处置情况[①]	—	6	危险废物进行有效归集,贮存,并交由有危险废物经营许可证的单位收集处置			符合	6

续表

序号	一级指标	一级指标权重	二级指标	单位	二级指标权重	I级基准值	II级基准值	III级基准值	公司现状	得分/分
五	清洁生产管理	15	节能、节材、节水管理制度情况	—	5	已制定颁布专项节能、节材、节水管理制度,并已实施1年以上,有良好的执行效果并有责任人,有制度,有分析、有改进	已制定颁布专项节能、节材、节水管理制度,实施时间1年以内,但无记录、无分析	已制定颁布专项节能、节材、节水管理制度,未实施	I级	5
			固体废物管理制度	—	4	已制定颁布固体废物分类贮存、管理制度,对废弃蓄电池、电容、尾气净化装置,机油、制动液、润滑油、维修油液、防爆剂、废含油抹布等其他危险废物进行有效归集,贮存,并交由有危险废物经营许可证的单位收集处置,执行效果良好,有责任人,有制度,有分析、有改进	已制定颁布固体废物分类贮存、管理制度,对废弃蓄电池、电容、尾气净化装置,机油、制动液、润滑油、维修油液、防爆剂、废含油抹布等其他危险废物进行有效归集,贮存,并交由有危险废物经营许可证的单位处置	已制定颁布固体废物分类贮存、管理制度,对废弃蓄电池、电容,机油、润滑油、废含油抹布,贮存,并交由有危险物经营许可证的单位处置	I级	4
			相关方环境管理	—	2	企业采购配件有向具有合法资质的配件经销商采购渠道的配件经销商采购记录,对合格供方的定期评价制度及评价记录,选用环保产品、设备	已制定颁布专项配件经销商采购渠道的管理制度和采购人员,建立针对采购的合格供方名册和供应商的监督体系		符合	2
			绿色宣传	—	1	有倡导节约、环保和绿色消费的宣传行动,对消费者的节约、环保消费行为提供奖励措施			有	1
			环保投诉及处置情况	—	3	1年内无投诉	1年内有投诉,但进行了有效的改进		1年内无投诉	3

① 限定性指标。

5.4.2 应用案例二

某公司是全国五百强企业的下属企业，集整车销售、配件销售、售后维修服务及信息反馈为一体。公司现有员工170人，建筑面积为6441m^2，主营业务年收入29594万元。经过对标分析，清洁生产得分为81.4分，根据表5-3，该公司整体上达到清洁生产先进水平企业（二级），主要问题包括生产工艺及技术装备水平有待提高、未使用环保涂料、洗车废水没有循环利用。该公司与《清洁生产评价指标体系 汽车维修及拆解业》对比结果如表5-17所列。

参考文献

[1] 侯华亮. 日本报废汽车回收利用体系及特点分析[J]. 轻型汽车技术，2006(33): 34-37.
[2] 赵起越，牟莹. 汽车工业中气态挥发性有机化合物的排放及其防治对策[J]. 汽车工程，2009，31(4): 340-344.
[3] 胡贵彦，杜志平，周三元，等. 中日汽车回收拆解对比研究[J]. 国际物流，2009: 251-252.

第 6 章 汽车维修与拆解行业清洁生产先进管理经验和技术

6.1 清洁生产先进的管理理念和方法

"十三五"期间，汽车维修与拆解行业将紧密结合维修市场实际和行业未来发展，针对目前行业和企业存在的困难、问题等，以进一步提升维修质量、提高服务水平、规范维修市场秩序、营造公平竞争环境、打击非法经营、超范围经营、"互联网+"、上门维修服务等新常态、新业态和新问题为重点，适时实施汽车检测与维护制度，促进行业生态文明，贯彻实施交通运输部等十部委《关于促进汽车维修业转型升级提升服务质量的指导意见》，尽快建立并实施汽车检测/维修（I/M）制度。目前，应根据相关法律法规规定和各自职能职责，深入调查研究，理清思路，制订有效实施方案。初步梳理 I 站、M 站的技术、标准要求，研究引导扶持政策，适时选择试点，总结经验逐步展开。通过先进机制、制度、管理方式等理念，推动汽车维修与拆解行业清洁生产工作的进程。

6.1.1 汽车维修行业

（1）不断完善汽车维修行业主管部门的管理机制

汽车维修行业的管理涉及交通、工商、税务、城管等多个部门，由于缺乏有效的沟通和配合,各部门对汽车维修行业的监督管理力度大大削弱。因此,相关管理部门要加强与横向部门的配合,营造齐抓共管的声势,形成汽车维修行业管理的合力。

(2) 建立有效的市场监管机制,规范经营行为

对汽车维修工时定额和收费标准实施有效监督,积极开展行业优质服务活动,促进汽车维修企业间的自律,完善市场准入制度。交通主管部门应与工商、技术监督、物价、公安等部门密切合作,对汽修市场进行清理整顿。通过清理整顿,严格市场准入制度。

(3) 发挥汽车维修协会的作用

汽车维修协会是汽车维修企业及相关行业自愿组成的群众性组织,是管理部门与企业间相互沟通的桥梁和纽带。其既要发挥汽车维修行业协会政府的助手和参谋的作用,还要为企业排忧解难,跟踪国内外汽修先进技术。

(4) 鼓励采用新技术、新产品,促进行业技术进步

汽车维修行业具有附着性、技术密集性、劳动密集性、分散性和多样化与个性化相结合等特点,汽车维修专业化代表汽修行业未来发展方向。维修行业发展作为汽车工业的重要附属和补充,从矛盾的相互作用来看,它在一定程度上也制约着汽车工业发展。政府要以补贴、奖励的方式鼓励企业积极主动采用节能环保的新技术、新产品,促进行业技术进步。

(5) 以点带面,全面实现清洁生产

发挥行业主管的作用,大力推行清洁生产审核,选择基础条件好,先行先试,以点带面,在全行业开展清洁生产。

6.1.2 汽车拆解行业

目前国内的汽车拆解行业还处于发展期,制定切实可行的政策并强化执行力是今后要面对的问题。

(1) 建立新的报废汽车回收利用体系,延伸生产者责任

建议生产企业向回收企业提供生产手册,提供便利拆解的指导方法,促进资源回收利用;引导汽车制造企业从回收拆解、材料再生角度在产品开发设计与制造过程中重视汽车的易拆解性和材料的可再生性。

(2) 制定报废汽车移交信息管理制度，建立公正、透明的电子清单制度

在信息管理方面，建立并运行电子清单系统，通过互联网接收有关单位报废车的交接信息，即"电子清单（移动报告）制度"，并对这些信息进行统一管理。通过这一系统，对报废汽车进行全程监控。在此基础上，使回收利用费用的管理做到公正、公开、透明。

(3) 强化拆解固废的政策力度及技术应用

要加快研究拆解固体废物如废玻璃、车内饰、座椅等废料的综合利用技术、政策，提高拆解企业资源综合利用率。在北京市范围内探索建立机械自动化破碎生产示范线，提高拆解效率及资源回收利用率。

(4) 加大宣传力度，培育清洁生产理念

将清洁生产思想和节能减排的工作有机结合，加大宣传力度，使企业意识到企业的责任，建立起自觉开展清洁生产工作是企业"节能、降耗、减污、增效"的有效途径的思想，提升企业的管理水平，推动各项工作的积极开展。

6.2 汽车维修清洁生产先进技术

随着科学技术的不断发展，汽车维修行业也出现了大量的新技术、新材料、新设备，不仅在提高维修质量、维修效率方面起到了积极推动作用，而且为汽车维修行业实现资源节约、环境保护提供了良好的技术基础。汽车维修的环境保护和节能增效在维修作业的各个环节中均可体现，每一个规范的维修环节和每一项先进的维修工艺均有可能起到节能环保的作用。

实施清洁生产的主要目的为：在维修和拆解服务过程中，最大限度地降低污染物的产生、排放，减少用水量，减少各类能源消耗，从而达到节能、降耗、减污、增效的目的。

根据国内外调研，从汽车维修业行业发展水平、现有技术支持条件出发，北京市适用于汽修清洁生产技术将在资源综合利用、能源节约、污染减排及环境保护、提高效率等方面指导汽车维修行业开展清洁生产工作。

6.2.1 节水技术

6.2.1.1 电脑洗车

电脑洗车是利用电脑控制毛刷和高压水来清洗汽车,由控制系统、电路、气路、水路和机械结构构成,如图6-1所示。采用电脑洗车设备,通过水的循环利用,可比高压水枪节水30%以上,平均每车用水17L左右。

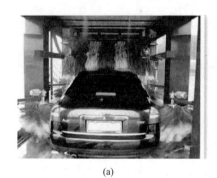 

(a) (b)

图6-1 电脑洗车

6.2.1.2 蒸汽洗车

蒸汽洗车是利用蒸汽发生器所生产的高温高压蒸汽,对清洁物表面和其他部位进行清洗消毒,如图6-2所示。蒸汽清洁通过设备所产生的热干蒸汽来清洁汽车的表面、内饰及其他各个部分,具有更高的清洗能力和去污效果,使得汽车清洗用水量大幅下降。

6.2.1.3 无水洗车

无水洗车是将化学清洗和物理清洗结合起来,从而完成整个汽车清洗过程的一种方法,如图6-3所示。它的优势是整个洗车过程中不需要靠水来冲洗去污,因此没有污水排放,而且洗车清洁剂为中性,操作方便,两位工人10分钟就可完成汽车外部涂料部分的清洁操作,而且不需要场地设备,直接可到用户的停车车位上去操作,节省了车主的大量时间,是一种可以达到多赢的一种新型洗车方法。

(a) 玻璃洁面清洗　　　　(b) 车缝间除污清洗　　　　(c) 车盖夹缝除污清洗

(d) 车轮顽固除油污清洗　　(e) 空调口杀菌通风清洗　　(f) 顶部天窗夹缝清洗

图 6-2　蒸汽洗车

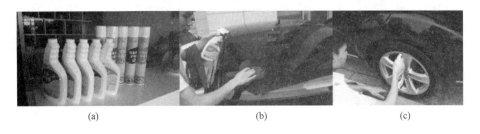

图 6-3　无水洗车

与传统的水洗方式相比，应用无水洗车技术，清洗每台车只需 0.4L 水，且洗车、打蜡、抛光可一次完成，大大减少了对水资源的消耗，降低了污染物的排放，也降低了洗车成本，从而获取更大的经济效益。

6.2.2　节能技术

6.2.2.1　红外线烤漆房

红外线烤漆房是采用先进的碳纤维红外线石英电热管作为发热载体，有效提高能源的利用效率，如图 6-4 所示。红外线烤漆房主要是充分利用了红外线的特点，红外线具有反射性、渗透性和共振性。由于红外线具有优越的反射性，使得红外线在空间内随处反射，因而被烘干物体随时都可接触到红外线的辐射；红外线的渗透性有效地渗透到漆层的里面，可以做到由最内层向外层逐步烘干，而共振性能有效地与被烤物体的分子产生共振和摩擦，有效地提高烘干温度和环节温度，从而达到快速烘干的目的。烤漆房整体功率可降低 40%～50%。

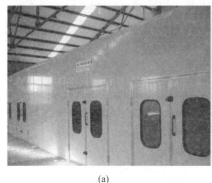　　

(a)　　　　　　　　　　　　　　　(b)

图 6-4　红外线烤漆房

6.2.2.2　超声波清洗零部件技术

超声波清洗零部件技术节能环保，能充分发挥超声波清洗省时省力、清洗效果好、节约资源的特点。国外还采用微波清洗超声波技术，使被清洗的零件在微波的作用下，表面形成空穴，再使油污、涂料自行脱落。因此，在汽车维修中应大力推广这些新超声波技术，图 6-5 为超声波清洗机。各种清洗方式效果及效率比较见表 6-1。

表 6-1　各种清洗方式效果及效率比较

指标/工艺	有机溶剂清洗	超声波清洗
环保	用量大,易挥发	清洗液有污染
设备	无	超声波清洗设备
经济	浪费多	设备需投入,清洗液可多次使用
清洗效果	一般	好
方式	人工	浸泡
效率	低	高

图 6-5　超声波清洗机

6.2.2.3　一体化空压机节电系统

一体化空压机节电系统采用同步变频调速技术及最新的 PID 技术，利用压力传感器信号及有关电气控制信号，根据设定的压力值控制空压机马达转速，实现节能运行。图 6-6 为空压机节能系统。

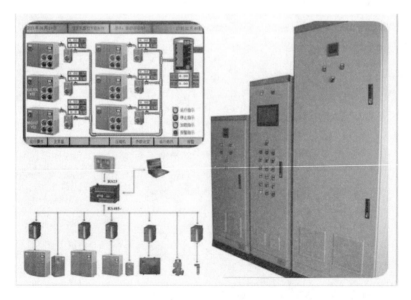

图 6-6　空压机节能系统

6.2.2.4 螺杆式空压机

采用无油螺杆式空气压缩机集中供气,能够有效降低工作区域的噪声(供气房应单独隔开),减少耗电量、维护成本和使用成本,使产生的废油污水减少,提高压缩空气质量,保证喷涂质量,减少返修。图 6-7 为螺杆式空压机。

图 6-7　螺杆式空压机

6.2.2.5 风冷热泵式变频多联机

风冷热泵式变频多联机采用了具有内部油分离功能的高压腔涡旋压缩机、直流无级变频技术、两级过冷技术和新型换热技术,综合性能系数 IPLV(C) 远超国家一级能效标准,最高值达到 6.3。风冷热泵式变频多联机如图 6-8 所示。

6.2.2.6 水源变频多联机

水源变频多联机的供水温度范围 $-7\sim40℃$,将水源热泵、地源热泵技术和空气源变频多联机技术结合起来,具有高效、节能、环保等优点。水源变频多联机的工作示意如图 6-9 所示。

图 6-8 风冷热泵式变频多联机

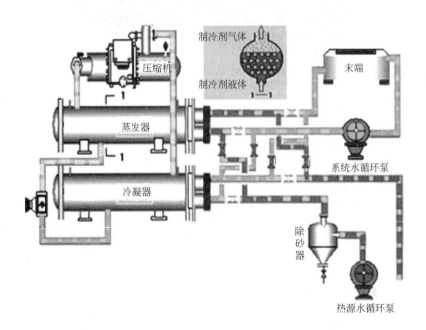

图 6-9 水源变频多联机的工作示意

6.2.2.7 强热地暖中央空调系统

强热地暖中央空调系统采用空气源热泵技术、喷气增焓技术，冬季利用空气源热泵结合地板采暖供热，夏季结合家用中央空调系统制冷，实现一机两用。地暖和中央空调示意如图6-10所示。

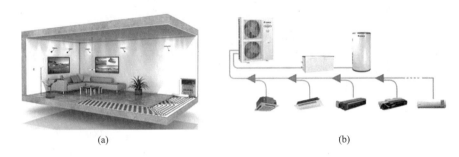

图6-10　地暖和中央空调示意

6.2.2.8 LED节能光源

与传统光源相比，LED节能光源具有以下优点。

① 发光效率高。LED经过几十年的技术改良，其发光效率有了较大的提升。白炽灯、卤钨灯光效为12～24lm/W，荧光灯50～70lm/W，钠灯90～140lm/W，大部分的耗电变成热量损耗。LED光效经改良后将达到达50～200lm/W，而且其光的单色性好、光谱窄，无须过滤可直接发出有色可见光。

② 耗电量少。LED单管功率0.03～0.06W，采用直流驱动，单管驱动电压1.5～3.5V，电流15～18mA，反应速度快，可在高频操作。同样照明效果的情况下，耗电量是白炽灯泡的1/8，荧光灯管的1/2。

③ 使用寿命长。LED灯体积小、质量轻，环氧树脂封装，可承受高强度机械冲击和震动，不易破碎。LED灯具使用寿命可达5～10年，可以大大降低灯具的维护费用。

④ 安全可靠性强。发热量低，无热辐射；不含汞、钠元素等可能危害健康的物质。

⑤ 有利于环保。LED为全固体发光体，耐振、耐冲击，不易破碎，废弃物可回收，没有污染。

6.2.3 环保技术

6.2.3.1 水性涂料改造

对汽车进行喷涂作业,建议使用水性涂料,以有效减少涂料中 VOCs 含量,水性涂料与油性涂料对比见表 6-2。

表 6-2 水性涂料与油性涂料对比

指标	水性涂料	油性涂料
环保	底色漆 VOCs 排放降低约 65%	VOCs 排放高
价格	约高 4%	低
效率	效率高	一般
质量	遮盖力好,色漆流平,驳口容易	一般
设备要求	需改造和增加设备	一般

水性涂料的最大优点是涂层质量与传统溶剂型漆相当,但 VOCs 排放量小。其排放量约为溶剂型漆的 1/3,且是实现金属闪光漆低公害化的唯一途径。一个合格的溶剂型涂料钣喷车间只需在原有设备条件下,配置水性涂料专用喷枪、专用吹风枪和专用洗枪机就能满足水性涂料喷涂施工的日常需要。

此外,还要注意符合以下工况:

存储——控制储藏室温度范围,必须控制在 5~35℃;

烤漆房——保证良好的通风条件及烘烤温度;

气源——确保干净、稳定且足够的气压和气容以供应喷枪和其他配套设备;

前处理——在喷涂底色漆之前,应先使用前处理产品清洁表面;

颜色调配——应在洁净、干燥的塑料容器中进行,并确保塑料的型材和质量以免影响最终漆膜效果;

喷枪——必须使用 HVLP 喷枪或其他适合水性涂料喷涂的专用喷枪;

清洗——需配有水性涂料专用的喷枪清洗装置或器材;

干燥——根据车间进场维修台次配置相应的促进干燥设备(建议分别配备一套移动式吹干设备和一套手动吹干设备);

打磨——建议使用全套干磨设备。

综上所述,为确保转换计划能够顺利实施,应配置水性涂料专用喷涂设备并遵循相关必要条件。

6.2.3.2 光能自洁涂料

光能自洁涂料采用了国际上最先进的光催化自洁原理和纳米技术，在光照条件下，其中的活性物质会发生光催化反应，产生出氧化能力极强的羟基自由基，可分解油性污染物和部分无机物。光能自洁涂料表面超亲水，水易润湿，使灰尘、粉尘等污染物更易被雨水冲刷掉，最终达到漆膜抗污、洁净的功效。建筑外墙使用光能自洁涂料后会拥有这种"自清洁"功能，可明显提高外墙的耐沾污性能，长期保持外墙的装饰效果，同时具有净化空气、抗菌、防霉、保色，分解建筑物周边大气中的氮氧化物、硫氧化物、VOCs等有害物质的作用，适用于真石漆、质感涂料、弹性涂料等外墙装饰材料的罩面清漆，提高基材的耐沾污性能和自洁性能。

6.2.3.3 省漆喷涂技术

采用环保省漆喷枪［高流低压（HVLP）喷枪］，涂料传递效率高达65%以上，比一般喷枪节约涂料，提高漆料有效使用率，HVLP喷枪与一般喷枪漆料有效使用率的比较见表6-3。

表6-3　HVLP喷枪与一般喷枪对比表

指标/设备	HVLP喷枪	一般喷枪
涂料传递效率	65%以上	30%~40%
环保	降低VOCs排放,减少浪费	浪费涂料多,成本提高
工作效率	高	低
风帽气压	不超过0.7bar	2.5~3bar

注：1bar=0.1MPa。

对喷涂件进行贴护时应使用环保的贴护纸、贴护膜或其他环保性材料。在调漆房作业时，要开启风机，做好通风。易挥发的涂料和有机溶剂在使用完毕后应及时盖好封盖，保存入库。在涂漆时推荐使用HVLP喷枪，HVLP（高流低压）喷枪利用高流量低压力的压缩空气提高涂料利用率。传统喷枪的涂料有效使用率（又称涂料传递效率）为30%~40%，而HVLP环保省漆系列喷枪的涂料有效使用率高达65%以上，由此可见，高上漆率提高了工作效率，降低了涂料成本，减少了VOCs排放，改善了工作场所的环境，有利于喷漆者的身体健康，同时也降低了处理废漆的费用。

6.2.3.4 密闭自动洗枪机

密闭自动洗枪机能够有效而快速地清洁喷枪，有效减少溶剂挥发，实现溶剂的循环再利用。使用全密闭洗枪装置对涂料喷枪进行清洗，采用蒸发-冷凝的方式，可以回收超过60%洗枪过程中所使用的有机溶剂。洗枪机如图6-11所示。

图6-11 洗枪机

6.2.3.5 点焊机

焊接作业时，应采用点焊机或二氧化碳保护焊，并开启吸盘风机，做好通风。焊件组合后通过电极施加压力，利用电流通过接头的接触面及邻近区域产生的电阻热进行焊接的设备。

二氧化碳保护焊属于车身焊接技术（绿色钣金技术），采用二氧化碳等气体的热性能进行焊接的设备。应用二氧化碳保护焊、点焊等焊接技术，提升焊接质量，减少烟尘污染。图6-12所示为点焊机。

6.2.3.6 无尘干磨系统

在汽车漆面处理过程中，用气动或电动工具进行干磨，代替传统的手工水磨工艺，通过真空集尘装置（打磨头及真空风机）收集打磨过程中产生的

第 6 章 汽车维修与拆解行业清洁生产先进管理经验和技术

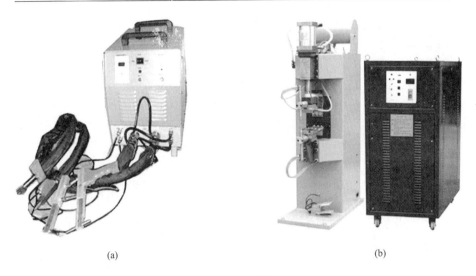

(a)   (b)

图 6-12 点焊机

粉尘，实现"无尘干磨"，既省时省力，环保无尘，同时也可以提高漆面打磨效果。打磨工序中，建议采用全程干磨工艺，打磨时要开启吸尘装置，所收集的粉尘应集中收集存放。图 6-13 所示为无尘干磨机。

图 6-13 无尘干磨机

干磨设备应当具备吸尘装置,能有效吸收干磨时产生的粉尘,并易于集中收集粉尘。干磨机能够极大提高打磨工作效率,提高涂装质量,干磨工艺与水磨工艺对比见表6-4。

表6-4 干磨工艺与水磨工艺对比

指标/工艺	干磨	水磨
环保	粉尘可收集	粉尘随水排放
效率	高	低
质量	平整度好,无水,漆面质量好	容易产生"橘皮",气泡,砂痕等缺陷
劳动强度	机械打磨,劳动强度小	人工打磨,不规则部位的精磨有一定优势,劳动强度大
设备	干磨机	无

6.2.3.7 绿色总成修复技术

绿色总成修复技术包括发动机总成修复技术、变速箱总成修复技术。规模较大的维修企业购置并使用发动机专修设备、自动变速箱专修设备,减少资源浪费。变速箱总成修复技术和发动机总成修复技术如图6-14所示。

(a) (b)

图6-14 变速箱总成修复技术和发动机总成修复技术

6.2.3.8 加注回收设备

汽车空调冷媒加注回收设备应能够实现冷媒回收和加注、抽真空、循环再生以及冷冻油的排放和加注等功能,能有效防止空调冷媒的外泄,且在维修和保养之前自行进行压力测试、真空检漏等各种硬件测试。

制动液更换加注器是能够完成旧制动液提取和新制动液加注的设备,它能够有效地防止制动液的外溢,避免污染环境。汽车空调冷媒加注回收设备和制动液更换加注器如图6-15所示。

(a)   (b)

图6-15 汽车空调冷媒加注回收设备和制动液更换加注器

① 检修汽车空调时,严禁将空调制冷剂排放到大气中,应按照《汽车空调制冷剂回收、净化、加注工艺规范》(JT/T 774—2010)的要求进行制冷剂的回收、净化和加注作业。

② 在拆卸汽车空调系统的任何零部件前,都必须使用制冷剂回收设备抽出汽车空调系统中的制冷剂,防止制冷剂泄漏到大气中。

③ 在回收汽车空调制冷剂前,应鉴别汽车空调使用的制冷剂类型和纯度,按制冷剂类别分类回收,不得将不同类型的制冷剂混装在一个储罐中。对被污染或不能净化利用的制冷剂应回收到专门的储罐中,并委托有资质的专业公司进行无害化处理。

④ 在汽车空调系统检漏作业时,应使用氦气、氮气等惰性气体,不得在系统中加注氧气或空气检漏。

⑤ 在加注汽车空调制冷剂时,应按照汽车空调系统标识加注相应类型的制冷剂,并按照规范要求加注适量相应类型的冷冻油,加注的制冷剂和冷

冻油类型应匹配，不得混用，不得加注过量。

⑥ 汽车维修企业应建议车主合理保养汽车空调系统，在不需要使用空调时应确保每月运行空调系统 2～3min，防止汽车空调制冷剂泄漏。

6.2.3.9 VOCs 废气净化技术

（1）电解催化氧化处理 VOCs

含 VOCs 的废气进入净化器，首先进入一级或多级旋流碟型气液分离模块，此模块的分离效果是由有机液态颗粒的重力、旋流碟型的回旋力、溶液、有机液态分子的聚合性和分离性的共同作用，98% 的有机挥发性液态物质和固体残渣物被分离出来，其次进入光子分解模块，将逃逸光子分解的有机物质捕捉到气态离子分解模块中进行再分解。经过光子分解与离子分解后有机分子的分子链松动，然后进入最关键的光催化模块，把有机分子所有分子链切断，使 VOCs 有机分子结构还原成碳、氢、氧单质，从而达到净化 VOCs 的目的。

电解催化氧化处理 VOCs 的净化效率高达 95%，处理量最高可达 150000m^3/h。其运行费用低，功耗低，仅为其他产品同等风量净化设备的 1/4～1/3，无任何更换型耗材。设备设计为紧凑型，体积小，占地面积小，质量轻。

（2）纳米管光催化氧化技术

纳米管光催化除臭技术是一种光催化氧化法。所谓光催化氧化反应，就是让太阳光或其他一定能量的光照射光敏半导体催化剂时，激发半导体的价带电子发生带间跃迁，即从价带跃迁到导带，从而产生光生电子（e^-）和空穴（h^+）。此时吸附在纳米颗粒表面的溶解氧俘获电子形成超氧负离子，而空穴将吸附在催化剂表面的氢氧根离子和水氧化成氢氧自由基。而超氧负离子和氢氧自由基具有很强的氧化性，能使几乎所有的有机污染物氧化至最终产物 CO_2 和 H_2O，甚至对一些无机污染物也能彻底分解。

纳米管光催化氧化技术反应条件温和，能耗低，无二次污染，适用于各种低浓度的有机废气及污水的臭气处理，同时具有杀菌作用。工艺及设备简单、占地面积小、易于操作控制。图 6-16 为喷烤漆房废气净化技术工艺。

（3）汽车尾气收集净化装置

调试车间和调试工位应设置汽车尾气收集装置，同时还应具备净化功

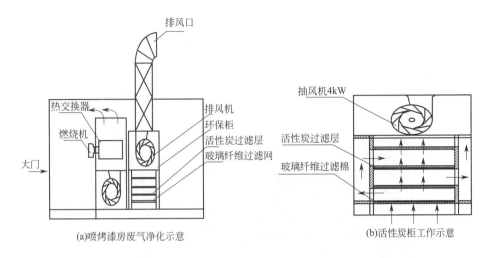

图 6-16 喷烤漆房废气净化技术工艺

能,净化车间工作环境,保障职工身体健康。图 6-17 为活性炭对汽车尾气吸收净化装置。

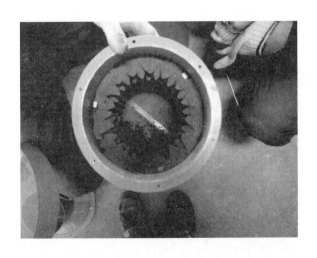

图 6-17 活性炭对汽车尾气吸收净化装置

6.2.3.10 洗车水循环回用技术

洗车水循环回用技术是指通过沉淀、初效过滤、中高效过滤三级处理手段，对洗车废水中的杂质和油污进行有效去除，使之可以循环利用的技术。图 6-18 为洗车水过滤设备。

图 6-18　洗车水过滤设备

6.2.3.11　合理设置排水设施

维修企业的排水设施应实行雨污管网分离，禁止将洗车废水、维修车间地面清洁废水、汽车湿磨产生的废水排入雨水管网或排入河流和土壤中。生活、办公过程中产生的废水排入当地的污水管网。维修企业排水系统如图 6-19 所示。

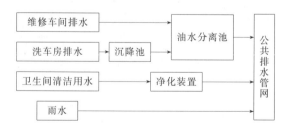

图 6-19　汽车维修企业废水收集及净化流程

排水设施中，油水分离池具有重要的作用，含油废水应当通过油水分离池进行隔油、过滤、沉淀处理后排出，禁止将废渣直接冲入污水管道。油水分离池应定期清理，避免尾池池底被油膜覆盖，清理出的油及油泥应按照危险废物处置，不得随意处置。

维修企业一般应具备与经营相适应的油水分离设施、设备。规模较小的企业可使用油水分离器实现废水的隔油、过滤、沉淀处理，达到排放的废水不含油。

分离池的构造图推荐如图 6-20（图中尺寸为最小尺寸，单位：mm）所示。

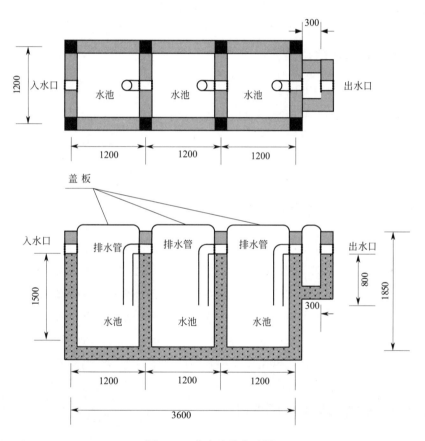

图 6-20　分离池的构造图

6.3　汽车拆解清洁生产先进技术

考虑到总体社会成本的经济原则，在建立新的系统时充分利用了现有的拆解厂、破碎厂等回收再利用渠道，使报废汽车作为有价资源流通，使参与汽车回收利用的各个方面都有利可图，确保回收再利用工作的顺利开展。

目前报废汽车回收拆解企业在材料资源化、废物减量化和有毒有害物质无害化处理等方面还存在很多技术难题，相关法律法规体系不完善和管理机制不健全等现实问题也制约着行业的健康发展。解决二次污染问题，关键在于提高技术水平、完善汽车产品回收利用相关标准法规，推行机械化自动拆解、破碎等是推动企业技术进步的重要手段。

6.3.1 电弧焊切割技术

所有的金属材料几乎都可以用电弧切割。以电弧焊切割替代乙炔气焊切割可减少切割时烟尘的产生，减少环境污染。同时，能够加工多种不能用气割加工的金属，如铸铁、高合金钢、铜和铝及其合金等，对有耐腐蚀要求的不锈钢一般不采用此种方法切割。

6.3.2 机械化或自动化拆解技术

拆解是废旧产品回收利用的重要过程，只有合理拆解才能回收高纯度的材料，并有可能实现零件的再使用和再制造。因此，对废旧汽车合理有效的拆解才能实现技术政策法规提出的基本要求。废旧汽车的外部形态多变，内部零件破损程度不可预料。因此，选择有效的拆解方式和确定合理的拆解深度有很大难度。采用高效率的机械化或自动化拆解工具、仪器和装备，是提高废旧汽车再生资源回收利用质量和效益的途径。

6.3.3 提倡汽车可拆解性设计

汽车可拆解性设计，是提高再生资源利用的基础条件。产品应具有良好的可拆解性，才可能提高再生资源的利用率，减少产品废弃时对环境的污染。只有在产品设计的初始阶段就将报废后的拆解性作为设计目标，才能最终实现产品的高效回收。图6-21为实现汽车回收利用率95%的目标方案。

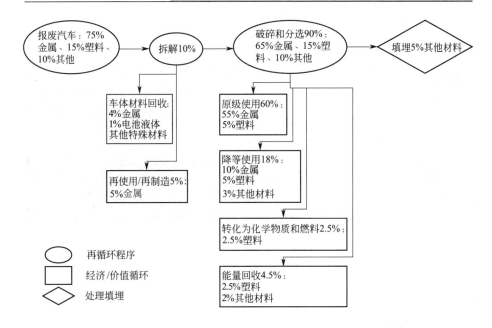

图 6-21 实现汽车回收利用率 95% 的目标方案

6.4 废物处理处置技术

6.4.1 分类

汽车维修与拆解产生的废物可以分为以下几种。

（1）危险废物

汽车维修废物中存在燃烧、爆炸、腐蚀等隐患的废物称为危险废物。例如，废机油、有机溶剂、涂料等容易燃烧，安全气囊、打磨产生的铝粉等容易爆炸，废电瓶的电解液具有腐蚀性危险并含有重金属离子，这类危险废物的存放及处理应严格管理，处理不当会导致不可估量的后果。

（2）一般废物

除了危险废物以外，不存在燃烧、爆炸、腐蚀等隐患的废物称为一般废物。如废轮胎、废保险杠等，为了便于管理和回收，应加以分类存放，妥善保管。

图 6-22 所示为废物的规范分类回收、规范处理。

(a)   (b)

图 6-22 废物的规范分类回收、规范处理

6.4.2 收集

① 企业应在指定区域集中收集存放维修或拆解废物，废物收集区应处在有屋顶、围墙等相对封闭的场所。危险废物与一般废物应分区存放，应有明确的标识，危险废物存放处应有危险性质的标识。图 6-23 为废物回收指示标识。

(a)   (b)   (c)

图 6-23 废物回收指示标识

② 废物应分类收集和存放，严禁将危险废物混入非危险废物中，严禁将各类危险废物混放。

③ 废油、清洗的废液存放到指定的地点和指定的容器中，禁止使用地下油池。

④ 废气囊、安全带预张紧器等在引爆前不得按固体废物存放。

⑤ 废物的存放应采取防扬撒、防渗漏、防流失或者其他防止污染环境的措施，不得擅自倾倒、丢弃、遗撒废物。

⑥ 废物分类收集原则应包括：危险废物与一般废物；可回收与不可回收废物；金属、橡胶、塑料不同材料性质废物；固体、液体不同形态废物。

6.4.3 管理

① 企业内收集废物时，应有专人负责将废物收集到指定的存放场地，分类放置。在运输过程中必须确保不遗撒、不混放。图 6-24 为废物分类指示标识。

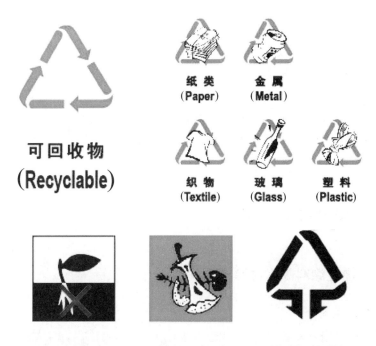

图 6-24　废物分类指示标识

② 废物的外运必须交由具备资质的单位，外运前必须将废物覆盖严实，不得出现遗撒。同时，废物清运单位必须出具废物接纳单位证明，维修企业应保存清运单位出具废物转移清单。

③ 空调冷媒的使用、回收和转移都要进行记录，应建立危险废物记录，包括产生、库存和转移清单。

④ 对于无毒无害废物，应按照国家、政府相关规定进行处理。

⑤ 对于危险废物，维修企业应委托具备相应危险废物回收处置单位进行处理，并审核其提供的资质证明和经营许可证，与其签订危险废物清运协议。

⑥ 禁止将废油、废液（包括废机油、润滑油、燃油、防冻液、废溶剂、漆料等）直接排入河流、下水道和土壤中。

⑦ 应制定废物管理的程序及应急预案，并实行定期检查。

6.4.4 利用

① 对于可回收的废物，应采取措施进行再利用，或交回收厂商回收。

② 对可翻新利用的轮胎应交由轮胎翻新厂进行再利用。

③ 对更换的配件可进行维修的应进行维修，将旧配件或修复配件陈列在相应区域，公示价格，在车主选用时应告知相关事项。

④ 对更换的旧发动机、变速箱、转向器等总成，应交由有资质的单位进行再制造。

6.5 典型清洁生产方案

6.5.1 油性涂料改水性涂料方案

（1）方案简介

某公司现用汽车涂料为上海通用指定 PPG 车用涂料，涂料、稀释剂、固化剂中含有甲苯、二甲苯等多种有毒有害物质，是 VOCs 的主要来源，这些物质一方面是造成员工职业病危害的潜在威胁，同时也是空气环境污染的元凶。为在创造效益的同时更多地尽到企业责任和环保义务，从在生产源头消减污染的理念出发，将有机溶剂性涂料更换为水性涂料。

(2) 技术可行性分析

油性涂料改水性涂料仅需要采购喷漆、吹风筒及保温柜等设备，且水性涂料不会与原有底漆发生化学反应，对于维修质量也更有保障，因此本方案技术可行。

(3) 环境可行性分析

采用水性涂料后可大幅降低 VOCs 的排放，因此该方案环境是可行的。

(4) 经济可行性分析

本方案预计固定资产总投资 1 万元。现在每个喷漆部位成本约为 65 元，方案实施后每个部位喷漆成本预计增加 12 元，以每年喷漆约 18000 个部位计算，方案实施后年运行成本将增加 21.6 万元，无直接经济效益。

油性涂料改水性涂料方案技术、环境均可行，虽然不能带来直接的经济效益，但是环境效益明显，与当前国家大气污染防治计划相一致，因此最终确定方案可行。

6.5.2 烤漆房密闭化改造方案

(1) 方案简介

某公司烤漆房使用时间较长，其密闭性已不能满足生产需求。开启喷漆房风机后，烤漆房门密封条及门合页处有漏风迹象。漆房大门多处变形造成喷漆房密闭不严，喷漆时多处缝隙往外散发漆雾造成空气污染。拟更换烤漆房门、合页及密封条，更换后能达到节能、减少涂料废气无组织排放的效果。

(2) 技术可行性分析

此方案仅需对现有烤漆房门、合页及密封条进行更换，技术难度小，简单易行。

(3) 环境可行性分析

封闭性不佳的烤漆房门会因为喷漆房内风机的开启产生的压力差而出现缝隙，喷漆过程中会有多处缝隙外散漆雾，每个烤漆房内每年产生 VOCs 约 802.55kg，从烤漆房门缝隙中排入大气的 VOCs 量为产生量的 15%，即 120.4kg。

烤漆房门更换后能杜绝因漆房密闭不严造成的 VOCs 无组织排放对环境的污染及对操作工人身体的伤害，每年减排 VOCs 120.4kg，环境可行。

（4）经济可行性分析

本方案更换烤漆房门、合页及密封条，投资 4 万元，无直接经济效益。

本方案技术、环境均可行，虽然不能带来直接的经济效益，但是有效改善操作场所环境质量，减少无组织排放，环境效益明显，因此，最终确定方案可行。

6.5.3　喷烤漆房废气处理改造

（1）方案背景

某公司有 5 套喷烤漆房，每套喷烤漆房的排风量为 $7000\text{m}^3/\text{h}$，喷漆烤漆房排放的挥发性有机废气主要为苯、甲苯、二甲苯和非甲烷总烃，目前，喷烤漆房采用活性炭吸附工艺处理喷漆烤漆房有机废气，活性炭更换周期为 3 个月。由于活性炭吸附能力有限，会很快达到饱和，不及时更换不能满足稳定达标的状态。同时考虑到喷漆废气中含有大量黏性漆雾及微小粉尘，为避免对处理设施正常运转造成影响，本项目拟定在其有机废气处理前增加前级预处理，即项目废气处理总工艺为：前级预处理＋活性炭吸附，主要包括漆雾的预处理和有机废气的净化两方面的内容。

（2）技术可行性

目前，活性炭吸附装置对有机废气的吸附率可达 95％以上，本项技术采用活性炭吸附法处理其挥发性有机废气。图 6-25 为喷漆房 VOCs 废气活性炭分层吸附工艺示意。

工艺说明如下。

① 两股喷漆房喷漆生产过程中使用溶剂及烘烤时所挥发出来的废气经管道收集后分别进入 2 个稳压箱，在每个稳压箱上开 3 个调节风门进行风压的调节，废气经风管调节阀连接后进入预过滤器将大颗粒截留下来，出来的废气进入活性炭吸附净化器处理，最后净化后的废气由引风系统抽出。

② 为了保证系统净化效率稳定，同时又便于操作，电控部分实现喷房和设备两地控制。

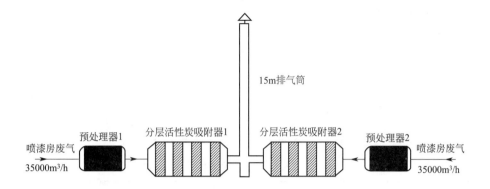

图 6-25　喷漆房 VOCs 废气活性炭分层吸附工艺示意

③ 调风阀安装位置,每套系统分别在进风口的位置加装风量调节阀,以便方便风量调节。

④ 防火阀的安装,可以防止易燃易爆气体排出去,所以在设备的进风口加装自动防火阀,预防火灾隐患。

⑤ 通风净化设备安装位置:由于设备体积较大,两套设备考虑按照"一"字形摆放。

⑥ 噪声处理:2 台通风净化系统产生噪声源为离心风机噪声和气体在风管内流动的声音。本项目通过隔声箱降低主要设备噪声。

⑦ 喷漆房废气经过处理后通过 15m 高排气筒排放。

(3) 环境可行性

实施喷烤漆房尾气处理改造工程后,VOCs 的排放总量减少 3750kg/a,环境可行。

(4) 经济可行性

喷烤漆房尾气处理改造工程投资 67 万元。运行成本每年增加 21 万元。如表 6-5～表 6-7 所列。

表 6-5　喷烤漆房尾气处理改造工程预计投资费用

序号	设备名称	单价/(万元/套)	数量/套	总价/万元
1	预处理器	8	2	16
2	活性炭吸附塔	11	2	22

续表

序号	设备名称	单价/(万元/套)	数量/套	总价/万元
3	引风机及管路	12	1	12
4	活性炭	9	—	9
5	降声降噪设备	3	1	3
6	加工安装费	5	—	5
7	合计	—	—	67

表 6-6 活性炭量与大气污染物排放总量表

时期	活性炭使用量及成本			VOCs 排放总量/kg
	数量/t	单价/(万元/t)	总价/万元	
改造前	3	0.6	1.8	5060.28
改造后	15	0.6	9	1310.28

注：大气污染物产生量为 2014 年数据，改造前喷烤漆房活性炭为每 3 个月更换 1 次，更换总量为 3t，改造后活性炭按照汽车维修行业大气污染物排放标准要求为每月更换 1 次，更换总量为 15t。

表 6-7 能源成本对比表

时期成本		改造前			改造后		
		数量/t	单价/(万元/t)	总价/万元	数量/t	单价/(万元/t)	总价/万元
能源	电力/(kW·h)	—	—	—	120000	1.00	12
合计				0			12

6.5.4 VOCs 治理方案

6.5.4.1 方案简介

2015 年 9 月 1 日起，北京市开始实施《汽车维修业大气污染物排放标准》，标准中要求 4S 店喷漆房排气筒排放的非甲烷总烃浓度低于 20mg/m³，每万立方米/小时设计风量的吸附剂（活性炭）使用量不低于 1m³，更换周期不超过 1 个月。

某公司有 4 套喷烤漆房，每台喷烤漆房的排风量为 7000m³/h。目前，喷烤漆房采用活性炭吸附工艺处理喷漆烤漆房有机废气，活性炭更换周期为 2 个月。由于活性炭吸附能力有限，很快饱和，不及时更换不能满足稳定达标的状态。

目前，在VOCs污染治理技术中，国内常用的治理方法主要有：蓄热式催化燃烧法、吸附脱附催化燃烧法、低温等离子体净化法、生物法、活性炭吸附法。结合排放量、排放浓度、经济实用及文件规范性要求等因素考虑，本方案拟采用活性炭吸附法，将喷烤漆途中产生的废气（VOCs、颗粒物等）采用活性炭吸附的方法集中收集并处理，达标后排放。项目完成后可有效降低企业生产中的VOCs排放量，减排率可达90%以上。项目计划在每个喷漆房外安置一台"VOCs处理装置"，采用"粗过滤＋精过滤＋活性炭吸附"的组合工艺，将喷漆房及调漆室排出的废气通过管道引到装置里处理，处理后达标排放。

另外，调漆室内及调漆台处未配备集风装置，产生的VOCs均为无组织排放，拟安装集风罩，并将集中的废气引入喷烤漆房内进入吸附系统。公司未配备喷枪清洗设备，喷枪清洗过程中会产生一定量的VOCs无组织排放，因此拟一同购置喷枪清洗设备一套。

6.5.4.2 技术可行性分析

（1）VOCs治理装置

1）装置简介　VOCs处理装置是一种高效率经济实用型有机废气净化与治理装置，是一种废气过滤、吸附异味的环保设备产品。根据处理气体污染因子、处理废气量的大小，选用相应的过滤材料和吸附材料，设计吸附时间，确定吸附面积。利用活性炭本身高强度的吸附力，结合风力作用将有机废气分子吸附，对苯、醇、酮、酯、汽油类等有机溶剂的废气具有很好的吸附作用。

VOCs处理装置广泛应用于家具木业、化工涂料、金属表面处理等喷涂、喷漆、烘干、吹塑等产生有机废气及异味场所，采用优质吸附活性炭作为吸附媒介，有机废气通过多层吸附层进行过滤吸附，从而达到净化废气的目的。

2）装置特点

① 装置吸附效率高，吸附容量大，适用范围广。

② 装置构造紧凑，占地面积小，不会对车间工作造成任何影响。

③ 活性炭具有比表面积大和良好的选择性吸附功能，能同时处理多种

混合废气。

④ 装置对连续或间歇排放的废气治理均适用。

⑤ 装置操作简易、安全，维护管理简单方便，运行成本低。

⑥ 针对不同工艺生产中排放的废气特性，如排放废气温度、是否含有油雾、粉尘等相关参数，可在废气设备进口部分内置或增设冷却器、过滤器等预处理装置或功能段，可以很好地保护吸附段，确保吸附装置在高效状态下运行。

3）工作原理　工作过程：废气经过滤装置除去微小悬浮颗粒，进入吸附装置，经过装置内活性炭吸附，除去有害成分（甲苯、二甲苯等有机气体），处理达标后的净化气体，经风机排放。

活性炭是一种非常优良的吸附剂，它是利用木炭、各种果壳和优质煤等作为原料，通过物理和化学方法对原料进行破碎、过筛、催化剂活化、漂洗、烘干和筛选等一系列工序加工制造而成。活性炭具有物理吸附和化学吸附的双重特性，可以有选择地吸附气相、液相中的各种物质，以达到脱色精制、消毒除臭和去污提纯等目的。活性炭吸附法就是利用活性炭作为物理吸附剂，把静电喷涂过程中产生的有害物质成分，在固相表面进行浓缩，从而使废气得到净化治理。这个吸附过程是在固相-气相间界面发生的物理过程。

4）装置工艺流程　如图6-26所示。

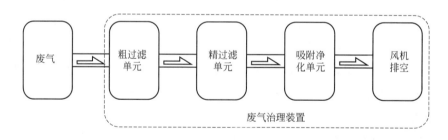

图6-26　装置工艺流程

装置由如下三个单元组成。

① 粗过滤单元：由纤维毡（折叠结构），过滤较大块状颗粒物。

② 精过滤单元：由折叠型精滤筒组成，过滤较细微颗粒物。

③ 吸附净化单元：由蜂窝活性炭组成，吸附VOCs气体分子。

5）设计参数　装置主要技术参数如下。

① 设计处理风量 8000～14000m³/h。

② 设计处理非甲烷总烃浓度 80～300mg/m³，处理后非甲烷总烃浓度<20mg/m³，苯<0.5mg/m³，苯系物<10mg/m³。

③ 设计净化效率 90%，非甲烷总烃减排 90%。

④ 蜂窝活性炭 BET 比表面积大于 750m²/g，设计用量 1.5m³（约 750kg），设计更换周期 30d。

⑤ 废气经过活性炭的设计气体流速 0.80m/s。

⑥ 风机工作电压 380V，功率 7.5kW。

依据以往工程项目经验数据，废气经装置处理后，非甲烷总烃可降到 3.4mg/m³，净化效率可达 95%。

6) 装置组成 装置主要设备明细如表 6-8 所列。

表 6-8 装置主要设备明细单

序号	名称	数量	规格	备注
1	粗过滤单元	1	—	过滤棉
2	精滤筒	8	φ330mm×1500mm	定制
3	负压表	3	—	−1kPa
4	吸附净化单元	16	0.8m×0.5m×0.2m	蜂窝活性炭,立方体炭框装填
5	治理装置外壳	1	2.1m×1.7m×2.2m	定制
6	风机软连接	1	—	定制
7	风机	1	380V,7.5kW	定制
8	风机控制器	1	—	定制
9	进气风管		—	定制
10	排空烟囱	1	离地 15m	定制
11	装置支架			定制

7) 废气治理实施方案 此次治理改造将从风道系统改造、VOCs 治理装置安装、过程控制三方面进行。对 4 个喷烤漆房单独设计，每个喷烤漆房安装一台"VOCs 处理装置"。

① 风道系统改造。改造排气管道，管道材质：2mm 镀锌板，管道直径：350～550mm，管道风速<20m/min。管道从喷漆房废气排放口接入，连接至"VOCs 处理装置"，管道必须具有良好的密闭性，以防废气漏出。

调漆室的排气管道与一号喷烤漆房的管道相连接，一同连接到"VOCs

处理装置"。

② VOCs 处理装置安装。在装置安放地安放设备支架，将装置吊装上去。连接进风管道、排空风机及排空烟囱，安装电气系统。

③ 过程控制——运行维护

a. 纤维毡，预计使用周期 3 个月（纤维毡两侧压力表差值大于 200Pa 时进行更换）。

b. 精滤筒，预计使用周期 6 个月（精滤筒两侧压力表差值大于 250Pa 时进行更换）。

c. 蜂窝活性炭，预计更换周期 20～30d。每次更换做好记录。

④ 活性炭更换说明。随着活性炭的吸附，装置阻力随之缓慢增加，当活性炭吸附饱和时，装置阻力达到最大值，此后的装置净化效率基本失去。为此，系统在装置进出风口处设置一套差压测量系统，对该装置进出口的废气压力差进行检测并显示，及时更换活性炭。根据地方标准，更换周期将不超过 1 个月。

(2) 喷枪清洗设备

喷枪快速清洗机是一个气动的快速清洗喷枪的清洗系统。它优化了喷涂的程序，提高了效益。安装在喷房里，无需走出喷房即可快速清洗喷枪和更换颜色。

其主要特点有：可装在喷漆房或准备间；水性涂料和溶剂性涂料系统都适用；高度清洁能力，彻底清除涂料通道和喷嘴里的残余物质；收集使用过的清洗液体，避免了对喷漆房的污染，从而使过滤棉寿命延长，提高了效益、节省了成本；无需调节喷枪进气气压，无需断开气管，"喷涂"和"清洗"之间转换时可自动调节清洗压力，增加喷涂工作的频率和喷漆房的使用负荷。

该设备操作流程如下。

① 喷枪清洗（图 6-27）：喷枪保持与空气管连接，"清洗"模式下，操作气压自动降至最低，同时清洁剂混合气泡从清洗喷嘴喷出，扣动扳机，把喷枪涂料进口放在清洗喷嘴下，来冲洗涂料通道，同时利用毛刷清洗风帽及喷枪前端。

② 吹干喷枪（图 6-28）：将残留的清洁剂彻底清除，应确保每次都将风帽里和分流环周围彻底吹干。

图 6-27 喷枪清洗涂料通路和风帽

图 6-28 吹干喷枪操作

③ 更换颜色（图 6-29）：25～30s 内可以完成。喷枪快速清洗机顶部可以放置调好漆的 RPS 壶，无需离开喷房就可更换颜色。

该设备主要优点包括：快速可靠的喷枪清洗，即便是最苛刻的颜色更换，如黑/白，都可满足；可以安装在喷房里（使用水性清洗液时）；适用于水性和溶剂型涂料系统（独立的）；清洗效果好，较隐蔽部位都可以清洗到；用容器收集用过的清洁液，避免对喷房造成污染，从而延长过滤垫的使用寿命；无需调节喷枪进气压力，也无需切断气源，在"喷涂"和"清洗"不同模式下会自动调节压力；有空间储放准备好的枪壶；增加喷涂效率和喷房的使用率。

图 6-29 更换颜色

（3）调漆室及调漆台处安装集风罩

该项改造需在调漆室内及调漆台处分别安装一集风罩，通过集风罩收集调漆过程产生的VOCs，并分别在集风罩上方安装管道，将收集的废气引入喷烤漆房内废气处理系统。

由以上分析可知本方案技术可行。

6.5.4.3 环境可行性分析

原有活性炭吸附装置与新装"VOCs处理装置"的减排效果对比如表6-9所列。

表 6-9 减排效果对比表

项目	原装置	新装置
VOCs产生总量/kg	3210.2	3210.2
减排量/kg	360	2889.2
处理后排放量/kg	2850.2	321.0
减排效率/%	11.2	90

该方案实施后，可有效降低VOCs排放浓度，经监测，本装置处理后的VOCs浓度为3.4mg/m^3，低于标准限值20mg/m^3。公司改造前产生VOCs 3210.2kg，排放VOCs 2850.2kg，方案实施后，按VOCs去除率90%计，每年可减少VOCs排放2529.2kg。

6.5.4.4 经济可行性分析

该处理装置按排风量进行设计安装，10000m³ 排风量的每套设备投资 16 万元，4 间喷涂车间共 64 万元；另每个月需对活性炭进行更换，每次更换活性炭质量为 3000kg，需 47920 元，每年更换活性炭费用为 57.5 万元；更换 VOCs 处理设备共投资 121.5 万元。喷枪清洗设备购置需投资 4.95 万元；调漆室改造投资 1 万元。该项目共投资 127.45 万元。无直接效益。

6.5.5 污水处理及中水回用系统

(1) 方案背景

公司用水主要为办公生活用水、洗车用水和车间地面清洁用水，其中办公生活用水和车间地面清洁用水为市政用水，洗车用水为外购中水通过沉淀池循环利用后定期排放。建立污水处理及中水回收系统，除可以对办公生活用水、车间地面清洁用水和洗车定期排放用水进行处理外，也可将处理后的中水用于洗车用水和车间地面清洁用水。

(2) 技术可行性

车间地面清洁用水和洗车用水合并进入隔油池后，通过提升进入气浮进一步去除乳化油后，和化粪池生活污水出水混合进入调节池，经过生物接触氧化、沉淀、过滤、消毒后进入清水池贮存，用于洗车、清洁地面。

污水处理站工艺流程如图 6-30 所示。

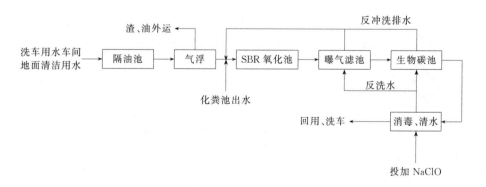

图 6-30 污水处理站工艺流程

洗车和冲洗废水经管道进入隔油池，对浮油进行去除后由泵提升至气浮装置，在此装置中投加破乳剂使废水中的乳化油和悬浮物形成颗粒较大的松散絮凝体，然后在后续的溶气气浮装置中通过溶气释放产生的微小气泡携带下，漂浮至水面形成浮渣，最后通过刮渣设备刮出分离，使废水得到净化。

通过上述这些处理工艺，可以使废水中的绝大部分乳化油和固体悬浮物得到去除，部分溶解性的污染物也会被絮凝体的巨大比表面积所吸附，而得以去除，经过上述物化处理后的出水排入 SBR 生物反应池。SBR 工艺即序批式活性污泥法，该工艺采用可变容积间歇式反应器，省去了回流污泥系统及沉淀设备，曝气与沉淀在同一容器中完成，利用微生物在不同絮体负荷条件下的生长速率和生物脱氮除磷机理，将生物反应器与可变容积反应器相结合，形成一个周期性间歇运行的活性污泥系统。SBR 工艺在同一生物反应池中完成进水、曝气、沉淀、撇水、闲置五个阶段，处理效果可达到常规活性污泥法处理标准，具有工艺简单、运行可靠、管理方便等优点。

SBR 出水经提升至曝气生物滤池系统，曝气生物滤池和生物炭滤池串联而成，两个滤池工艺结构形式相似，但其中的滤料不同，曝气生物滤池使用火山岩滤料，生物炭滤池使用柱状活性炭作为滤料，两工艺均依靠滤料表面生长的微生物膜对废水中溶解性的污染物进行吸附和氧化分解，实现对废水的净化。区别在于前级曝气生物滤池的污染物负荷较高，滤料上生长的生物量较高，而后级的生物炭滤池除微生物的作用外还有活性炭对污染物的吸附作用，因此处理效果好，出水水质清澈。同时微生物在曝气作用下，还可以对活性炭进行缓慢的生物再生，可以节省运行费用。

(3) 环境可行性

该方案设计年处理量 $16000m^3$。废水处理及中水回用系统将办公生活污水和车间地面清洁用水进行循环利用，可减少用水量。

(4) 经济可行性

工程预计投资费用见表 6-10、表 6-11。

表 6-10 废水处理站主要设备预计投资费用

序号	设备名称	规格参数	数量	总价/万元
1	曝气装置	膜片式盘式曝气器	30 套	1.5
2	曝气鼓风机	$Q=0.61m^3/min, H=0.5kgf/cm^2, 1.5kW$	2 台	0.8
3	SBR 出水泵	$Q=5.0m^3/min, H=15m$	2 台	0.7

续表

序号	设备名称	规格参数	数量	总价/万元
4	破乳加药罐	配套减速电机及搅拌桨,0.25kW	1套	0.4
5	溶气气浮设备	$\phi 1.3m \times 2.8m$ 配套溶气泵及刮渣机,2.2kW	1套	3.5
6	调节池提升泵	$Q=5.0m^3/h, H=10m, 0.37kW$	2台	0.7
7	曝气滤池反应器	$D1.3m \times 3.0m$,内置火山岩滤料	1座	2
8	生物碳反应器	$D1.3m \times 3.0m$,内置活性炭滤料	1座	2.3
9	反冲洗水泵	$Q=30m^3/h, H=10m, 2.2kW$	1台	0.3
10	中水回用泵	$Q=8.0m^3/h, H=10m, 1.5kW$	2台	0.7
11	滤池风机	$Q=0.61m^3/min, H=0.4kgf/cm^2, 0.75kW$	2台	0.8
12	消毒投加系统	$Q=1\sim 12L/min, H=20m$,容积300L,0.2kW	2套	1.2
13	配电控制柜	—	2套	0.1
14	合计	—	—	15

表6-11 废水处理站主要建筑物预计投资费用

序号	名称	尺寸及型号	数量/座	总价/万元	备注
1	隔油池	$2.0m \times 4m \times 2.5m$	1	1.8	钢筋混凝土,地下
2	SBR池	$2.5m \times 2.5m \times 5m$	1	1.5	钢筋混凝土,地下
3	调节池	$2.5m \times 2.5m \times 5m$	1	1.5	钢筋混凝土,地下
4	中间水池	$2.0m \times 2.0m \times 2.5m$	1	1.4	钢筋混凝土,地下
5	清水池	$2.0m \times 3.0m \times 4m$	1	1.7	钢筋混凝土,地下
6	设备间	$3.5m \times 4.5m \times 3.5m$	1	2.1	钢筋混凝土,地下
7	合计	—	6	10	—

公司现阶段洗车用水为外购中水,每吨价格为2元,办公生活用水和车间地面清洗为市政用水,每吨价格为7.43元。洗车用水消耗外购中水$1251m^3$,即0.25万元,车间地面清洗用水消耗新鲜水$279m^3$,即0.21万元。建立污水处理及中水回收系统后,车间地面清洁用水和洗车用水可采用处理后的中水,年节约新鲜用水约$279m^3$,年节约用水成本0.21万元。节约外购中水$1251m^3$,年节约费用0.25万元,两项合计0.46万元/a。

6.5.6 危废贮存设施规范化改造方案

(1) 方案简介

某公司原有2个危险废物贮存仓库,使用时间已有6年,其密闭性和使用安全性已不足以满足需求。接油盘已经磨损漏油，废旧机油渗漏到地面，废旧机油随着雨水流淌到雨水管网，危险废物存储间改造后可以减少危险废物的渗漏，便于集中管理。

(2) 技术可行性分析

该项目改造部位是将原位的铁皮笼子升级成砖混结构的标准建筑，做到使用密闭性和安全性良好，并在地面铺设不锈钢的隔油槽，损坏后可以维修更换。方案技术可行。

(3) 环境可行性分析

危险废物仓库主要用于贮存日常产生的废机油、废有机溶剂等危险废物，便于集中对其进行管理。方案实施后可保证危险废物的贮存安全性良好，并能够改善仓库的密闭性，减少有害废气的无组织排放；同时，危险废物仓库地面采取防渗漏措施，能有效防止危险废物如废机油等的渗漏情况，防止环境污染。

(4) 经济可行性分析

该方案投资 5.5 万元，方案实施后无直接经济效益。

该方案技术、环境均可行，虽然不能带来直接的经济效益，但是环境效益明显，因此最终确定方案可行。

参考文献

[1] 刘坚民. 报废汽车回收拆解技术 [M]. 北京:化学工业出版社, 2006.
[2] 周济. 废旧汽车拆解、维修、改装新技术与零部件加工再利用实用手册 [M]. 北京:机械工业出版社, 2007.
[3] 赵莲芳. 废旧汽车回收的激励与约束机制研究 [J]. 武汉理工大学, 2013 (1): 2-5.
[4] 蔡勇. 我国报废汽车回收利用现状及对策建议 [J]. 中国资源综合利用, 2013 (1): 12-19.
[5] 潘增友. 汽车报废带来的问题及解决方案研究 [J]. 汽车工业研究, 2012 (2): 21-24.
[6] 金晓红, 储江伟, 崔鹏飞. 汽车再生资源利用系统建模分析 [J]. 系统工程, 2008 (7): 69-73.
[7] 肖俊涛. 论我国汽车以旧换新政策的完善 [J]. 湖北社会科学, 2012 (9): 2-3.
[8] 方海峰, 黄永和. 汽车回收利用是节能减排的重要途径 [J]. 环保风向, 2012 (9): 1-5.
[9] 徐剑, 孙莹. 汽车逆向物流渠道模式研究 [J]. 中国高新技术企业, 2012 (20): 9-11.
[10] 杨力. 报废汽车回收工作探析 [J]. 我国资源综合利用, 2012 (4): 34-35.
[11] 肖主安, 陆根法. 欧盟可持续能源政策及其对中国的启示 [J]. 环境保护, 2012 (6): 56-68.

[12] Tohnasquiin M T, Machado G. Energy and carbon embodied in the international trade of Brazil [J]. Mitigation and Adaptation Strategies for Global Change, 2012 (6): 6-7.

[13] 储江伟. 汽车再生工程[M]. 北京:人民交通出版社, 2007: 3-47.

[14] 夏训峰, 席北斗. 报废汽车回收拆解与利用[M]. 北京:国防工业出版社, 2008: 32-44.

[15] United Nations. Indicators of Sustainable Development Frame Working Progress [J]. Washington D C, 2012 (3): 5-6.

[16] World Bank. Monitoring Environmental Progress: A Report on Working Progress [J]. Washington, 2012 (23): 12-13.

[17] Department of the Environment of UK Indicators of Sustainable Development for the United Kingdom [J]. 2011 (56): 5-7.

[18] Adrian Barrera-Roldn, Am Rico Saldvar-Valdes. Propssal and Application of a Sustainable Development Index [J]. Ecological Indicators, 2012 (12): 7-9.

[19] 徐耀宗. 基于CAMDS的汽车回收利用信息化管理[J]. 汽车工业研究, 2011 (5): 43-48.

[20] YU Hai jun, ZHANG Tong zhu, YUAN Jie, et al. Trial study on EV battery recycling standardization development [J]. Advanced Materials Research, 2013, 610-613: 2170-2173.

[21] 徐建芬, 唐访良, 阮东德. 汽车修理养护企业挥发性有机物排放控制标准探讨[J]. 环境监测管理与技术, 2012, 24 (2): 1-5.

[22] 余海军, 谢英豪, 张铜柱. 车用动力电池回收技术进展[J]. 中国有色金属学报, 2014, 24 (2): 448-460.

[23] 欧彦楠, 余海军, 李长东. 新能源车用动力蓄电池循环利用研究及展望[J]. 汽车与配件, 2013 (32): 37-39.

[24] 李长东, 余海军, 陈清后. 浅析报废汽车拆解厂循环水处理技术的应用现状[J]. 再生资源与循环经济, 2012, 5 (8): 28-30.

[25] 边伟. 汽车维修行业发展面临新挑战及对策[J]. 江苏交通, 2001 (12): 18.

[26] 何静. 汽车维修企业服务质量测评及改进对策研究[D]. 南京:南京理工大学, 2008.

[27] 黄奎. 现代汽车维修技术的特征与进展[J]. 实用科技, 2008 (10).

[28] 李嘉. 浅析现代汽车维修技术的发展[J]. 中国高新技术产品, 2009 (6).

[29] 戴冠军. 汽车维修工程[M]. 北京:人民交通出版社, 2001.

[30] 李云楠. 现代汽车诊断技术[M]. 北京:清华大学出版社.

[31] 邢伟. 汽车4S店实施2000版ISO 9001标准指南[M]. 北京:中国标准出版社, 2004.

第 7 章 汽车维修与拆解行业清洁生产审核案例

7.1 汽车维修行业清洁生产审核案例一

7.1.1 企业基本情况

某汽修企业总建筑面积 2000 m^2，周围以汽车 4S 店为主。其主要从事某品牌汽车销售、汽车维修等业务。年维修车辆 28000 辆。分公司包括园区的各 4S 店及维修厂，大多拥有公共使用区域。以一分公司为例，一分公司有 9 个门店，分别提供汽修、维养、钣金、喷漆、洗车、销售等服务，其洗车房、供水、锅炉室、供电、危险废物处置、污水处置、食宿及浴室、停车场等主要建筑都为各 4S 店及维修厂公共使用。

7.1.2 预审核

7.1.2.1 企业生产服务状况

该汽车维修企业主要服务项目有一般维修业务、钣金业务、喷漆业务、洗车业务等，主要设备设施包括汽车喷烤漆房、四轮定位仪、扒胎机、气动抽油机、空气压缩机、电阻焊、铝焊机、铝车身无尘打磨机、举升器、动平衡机等。近 3 年运营情况如表 7-1 所列。

表 7-1 审核基准期运营情况表

项目	年份1	年份2	年份3
维修次数	63755	71678	69098
维修收入/万元	17887.15	20457.12	19393.03
总收入/万元	147619.34	154565.81	135927.18
综合能耗（按标煤计）/吨	354.52	437.64	393.36

7.1.2.2 基础设施基本情况

（1）采暖系统

采用锅炉取暖，锅炉1台，单台出力6t/h（1t/h＝0.77MW），消耗能源为天然气。

（2）空调系统

空调系统采用中央空调和个体空间的单体空调相结合的布置方式，其中中央空调水系统按内外区分别采用膨胀水箱闭式循环和一次泵变流量两管制系统。空调机组、新风机组及外区房间的风机盘管夏季提供9℃/12℃冷冻水。

（3）蒸汽系统

厂区所用蒸汽由厂区燃气锅炉房供给，主要用于1条喷烤漆密封线生产与公共洗浴澡堂使用。喷烤漆房抽取车间内空气，与蒸汽换热产生高温气体，吹入喷烤漆密封流水线内，供车辆烤漆使用。蒸汽冷凝水流到车间内的集水罐中，水罐收集到一定水量时，冷水回流到锅炉房。洗浴用热水为蒸汽与环境温度的水换热产生，浴室用蒸汽未配备计量器具，每月加热洗浴热水约 $4500m^3$。

（4）给排水系统

厂区供水水源为市政来水，市政来水直供全部建筑的生活及生产用水器具。生活热水由锅炉房蒸汽锅炉提供，换热补水水源为市政来水。

厂区排水主要包括汽车维修各工序排水、汽车清洗废水、生活污水和雨水。洗车废水经沉淀、油水分离、物化处理、活性炭吸附和膜过滤等措施处理，可循环使用。食堂、公寓等生活污水经隔油池处理后经化粪池排入市政污水管网。锅炉排污水经地沟排入沉淀池，后排入市政污水管网。各层雨水经雨水管后排入市政雨水管网。

(5) 照明系统

公司共有照明灯泡900支,其中节能灯150支,节能灯所占比例为16.7%。

(6) 电力系统

公司电力系统电源进线为1路10kV。厂区电力计量采用高供高量方式,全院电力系统共设一座配电室、1个箱式变压器。

(7) 计量系统

一级能源计量器具应安装总数为4台(块),实际配备数量4台(块),配备率及完好率100%;二级能源计量器具应装数量4台(块),实际配备数量4台(块),其中电力仪表配备率为100%,水计量仪表配备率为100%;无重点用能设备,未配备三级能源计量器具。

7.1.2.3 资源利用情况

审核基准期资源消耗情况如表7-2所列。

表7-2 审核基准期资源消耗统计表

类型	细类	消耗品具体名称(用量单位)	年份1	年份2	年份3
机修原料	机油	L	197639	224219	226730
	防冻液	桶(1.5L)	10947	11177	11119
	电瓶	件	621	731	705
	变速箱油	L	8683	10268	9054
	刹车油	L	2689	3220	2563
	助力油	L	4197	5253	5173
喷漆原料	涂料	L	—	—	13727
	稀料	L	—	—	16885
底子原料	腻子	L	—	—	3268
	砂纸	张	—	—	49562

7.1.2.4 能源消耗情况

企业运行过程中主要能源品种包括电力、天然气、汽油。其中电力消耗呈现上升趋势,天然气消耗基本持平,汽油消耗呈现先上升后下降的趋势。

主要能源消耗情况如图 7-1 所示。

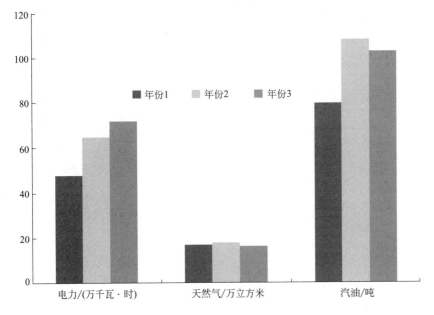

图 7-1　主要能源消耗情况

7.1.2.5　水耗情况

项目水耗情况如图 7-2 所示。

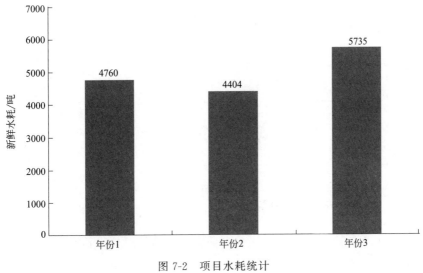

图 7-2　项目水耗统计

7.1.2.6 主要污染物排放及控制情况

项目主要污染物排放及控制情况如表7-3所列。

表7-3 项目主要污染物排放及控制情况一览表

污染物种类	污染物名称	污染物来源	主要有害成分	处理措施
废水	生活废水	卫生间	COD、BOD_5、SS、NH_3-N 和动植物油	经污水处理站处理合格后排入市政污水管网
	洗车废水	洗车场		经中水循环系统处理后循环使用
	食堂废水	食堂		经隔油池处理后排入市政污水管网
废气	喷烤漆废气	喷烤漆房	苯、甲苯、二甲苯	经活性炭吸附系统后,通过2根20m高排气筒高空排放
	焊接烟尘及打磨粉尘	钣金车间	烟尘、粉尘	车间设置排风系统加强车间通风
	锅炉烟气	锅炉燃烧	NO_x	经烟囱直接排入大气
	食堂油烟	食堂炉灶烹饪	烷烃类、醛酮类及其衍生物、芳香烃	定期清洗油烟过滤器的排气罩和排烟风机
危险废物	废矿物油	机修车间	废机油及包装物	外委有资质的公司负责处理
	涂料废物	喷烤漆车间	废涂料包装物	
	废有机溶剂	机修车间	防冻液	
	废活性炭	配烤漆车间	废活性炭	
	含铅废物	机修车间	废车用电瓶	
一般废物	餐厨垃圾	食堂	—	
	生活垃圾	展厅	—	
	汽车损坏零部件	机修车间		外售给废品回收单位
	废空气制冷剂	机修车间	废空气制冷剂	回收利用
噪声	噪声	锅炉房、喷烤漆车间排风机、空调室外机、水泵、钣金设备		室内操作

7.1.2.7 清洁生产水平现状评价

该企业单车耗新鲜水量0.074t,高于《清洁生产评价指标体系 汽车维修及拆解业》中规定的单车耗新鲜水量0.015t的标准值。

综合对比《清洁生产评价指标体系 汽车维修及拆解业》计算该企业清洁生产水平，得分为 79.5 分，达到清洁生产一般水平。

7.1.2.8 确定审核重点

该企业汽修一分公司基本上涵盖了集团服务的所有生产设备类型，是任务量最大的 4S 店。因此，确定一分公司为本轮清洁生产审核重点。

7.1.2.9 设置清洁生产目标

本轮清洁生产审核目标如表 7-4 所列。

表 7-4 清洁生产审核目标设置一览表

序号	指标名称	现状值	近期清洁生产目标	
			目标值	相对量
1	单车综合能耗(按标煤计)/(kg/车)	5.69	5.23	-8%
2	单车清洗耗新鲜水量/L	74	15	-80%
3	环保漆料占比/%	10	15	+50%

7.1.3 审核

7.1.3.1 水平衡测试

企业用水占比如图 7-3 所示。首先通过水平衡可知，展厅及办公区域用水量最大，占总用水量的 42%，其次为喷漆车间汽车清洗及工位清洗等操作用水量大，占总用水量的 36%。

7.1.3.2 电平衡测试

企业用电比例如图 7-4 所示，项目电力消耗最大的为喷烤漆工位，占用 54%，主要原因在于厂区配备喷烤漆生产线等均分布在该区域；之后依次为气泵房和打磨工位。

7.1.3.3 物料平衡测试

对汽车维修过程涂料稀料的利用情况，挥发性有机物的产生、处理、排放情况进行了测试,结果发现涂料利用率为60%,挥发性有机物的处理效率达到了95%。图7-5为物料平衡示意图。

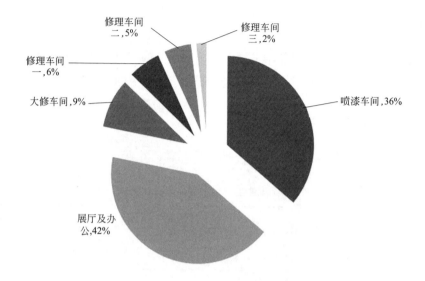

图7-3 企业用水占比

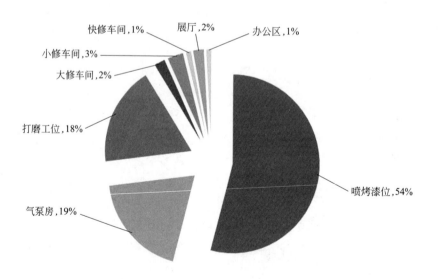

图7-4 企业用电比例

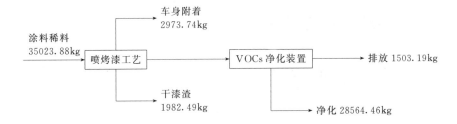

图 7-5　物料平衡示意

7.1.4　审核方案的产生与筛选

部分清洁生产方案如表 7-5 所列。

表 7-5　部分清洁生产方案一览表

编号	方案名称	方案类型	技术可行性	实施可行性	环境效果	经济效果	结论
1	推广应用环保性喷漆	中/高费	√	√	√	×	√
2	建立物料精确计量制度	无/低费	√	√	√	√	√
3	推广使用节能型烤漆房	中/高费	√	√	√	√	√
4	推广使用无尘干磨系统	中/高费	√	√	√	×	√
5	更换锅炉	中/高费	√	×	√	×	×
6	浴室使用节能热水系统	无/低费	√	√	√	√	√
7	照明系统替换 LED 光源	中/高费	√	√	√	√	√
8	推广使用制冷剂鉴别、回收、加注设备	无/低费	√	√	√	√	√
9	推广使用车身整形机(介子机)及电阻点焊机	无/低费	√	√	√	√	√
10	使用超声波清洗设备	中/高费	√	√	√	×	×
11	锅炉烟气余热回收	中/高费	√	√	√	×	×
12	水龙头改造	无/低费	√	√	√	√	√
13	采用水循环系统	中/高费	√	√	√	√	√
14	固体废物分类收集记录	无/低费	√	√	√	√	√
15	污水处理系统改造	无/低费	√	√	√	√	√
16	维修车间大灯开关调整	无/低费	√	√	√	√	√

7.1.5 中/高费方案可行性分析

7.1.5.1 推广应用环保性喷漆

（1）方案概述

使用水性涂料替代传统涂料，减少喷烤漆作业 VOCs 排放。

（2）技术可行性

添置必要的水性涂料专用设备，包括加装喷漆房通风系统、采购带气压表的水性涂料专用喷枪、专用吹风筒、专用水性涂料洗枪机、带保温功能的水性涂料专用保温柜。由于水性涂料主要以水和水合溶剂作为漆料的溶剂，因此减少了涂料中有机溶剂含量，从而降低了 VOCs 排放。

（3）环境可行性

采用水性涂料可使喷漆作业 VOCs 排放从传统涂料的 $400g/m^2$ 降至水性涂料的 $110g/m^2$。据每天平均混合 35L 底色漆测算，使用水性汽车修补涂料每年可减少 VOCs 排放 5000kg/a。

（4）经济可行性

该项目投资 25 万元，年购置水性涂料 500 万元/a，原料漆价格 0.25～0.6 元/g，新增成本 100 万元。使用水性涂料虽然价格比油性涂料高 20％～30％，但水性涂料料板面吸收率约是油性涂料料板面吸收率的 2 倍左右，本项目无经济效益。

7.1.5.2 选用水循环系统

（1）方案概述

通过在洗车工位加装水处理及循环系统，使洗车废水得以循环使用，减少新鲜中水的使用量，并且使反复使用的循环水不产生异味。

（2）技术可行性

项目需要购买水循环净化设备，并建设 $100m^3$ 左右的水沉淀池、配套管路等设施，技术上可以实现。

(3) 环境可行性

以年均洗车 28000 辆，单辆次理论耗水 74kg，年均理论耗水 2072t（在不使用循环水状态下）。如使用水循环系统，达到 50% 以上的节水效率，则年平均节水 1036t，具有可观的节水效果。

(4) 经济可行性

此方案投资偿还期 N 为 2.92 年，净现值 NPV 为 159.5 万元，经济上可行。

7.1.6 实施效果分析

本轮清洁生产审核目标完成情况如表 7-6 所列。

表 7-6　清洁生产审核目标完成情况

序号	指标名称	现状值	清洁生产目标	
			完成值	相对量
1	单车综合能耗(按标煤计)/(kg/车)	5.69	5.23	−8%
2	单车清洗耗新鲜水量/L	74	15	−80%
3	环保漆料占比/%	10	15	+50%

7.1.7 持续清洁生产

企业通过开展清洁生产审核，制订了持续清洁生产计划，主要包括健全清洁生产管理机构、完善清洁生产管理制度、持续开展清洁生产宣传培训，将继续在汽车维修生产活动以及营运行政管理各项活动提供技术、后勤支撑条件的其他服务活动中贯彻清洁生产理念。

7.2　汽车维修行业清洁生产审核案例二

7.2.1　企业基本情况

某公司承担公交系统 16000 余部运营车辆的保养、修理、维修以及抢修救援工作。公司现有职工6662人，总资产超过10亿元，下设9个保修厂和电车制配厂、材料供应中心、抢修生产调度室、车用气瓶检验站以及3个子公司。

7.2.2 预审核

7.2.2.1 企业生产服务状况

该公司主要服务项目为车辆的保养、修理、总成维修以及抢修救援等，主要设备设施包括压缩机、悬挂起重机、清洗机等。运营情况如表7-7所列。

表7-7 审核考察期运营情况表

项目	年份1	年份2	年份3
产值/万元	79515	100944	118799
维修车次	117395	119010	116565
单车产值/(万元/车次)	0.68	0.85	1.02

7.2.2.2 基础设施基本情况

主要基础设施情况如下所述。

（1）供配电系统

生产及生活用电全部外购。各厂供电由附近变电站通过变压器分配到各主要生产车间、辅助生产车间、办公区及宿舍。

（2）给排水系统

用水为自来水，通过供水管道供给办公楼、职工活动中心、食堂。汽车零件清洗废水倒入指定水槽，经污水处理设备对石油类污染物用化学沉淀法处理后循环作洗件用水，部分排入市政污水管网。生活废水先进入化粪池，然后排入市政污水管网。

（3）空调系统

空调系统情况为壁挂式分离空调机，根据气温及天气情况运行。

(4) 供暖系统

该公司的供暖形式有三种，即市政热力供暖、空调供暖及锅炉供暖。

(5) 洗浴系统

该公司各分厂浴室皆使用太阳能电辅助加热系统，主要使用太阳能，冬季温度不够使用电辅助加热。

7.2.2.3 资源利用情况

企业使用的原料主要包括涂料（油性涂料、水性涂料）、润滑油、防冻液、机油、轮胎、电瓶等，辅料有活性炭、油性毡等。审核考察期资源消耗如表7-8所列。

表7-8 审核考察期资源消耗统计表

原辅料名称		单位	年份1	年份2	年份3
机油		kg	1022717	1049409	760919
润滑油		kg	1315683	1371490	989809
防冻液		kg	459128	517351	374789
涂料	油性涂料	kg	0	44290	19915
	水性涂料	kg	2300	32470	33836
轮胎		条	99259	75070	78860
电瓶		个	40049	30863	15624
活性炭		kg	0	6700	6400
过滤棉		kg	0	774	574
油性毡		m²	12	12	12

7.2.2.4 能源消耗情况

企业使用的能源品种主要有电力和天然气，其他包括外购热力、液化石油气，以及车辆加注消耗的汽油、柴油等。审核考察期能源消耗量如表7-9所列，能源消耗折标煤量如表7-10所列。企业能耗构成及近3年能源消耗占比如图7-6、图7-7所示。

表7-9 审核考察期能源消耗量

能源名称	单位	年份1	年份2	年份3
电力	kW·h	15852100	14627430	15891383
天然气	m³	1321873	1539244	1328044.5
柴油	t	728.1	869.1	755.14
汽油	t	792.9	485	282.09
液化石油气	t	25.17	30.33	38.6
外购热力	GJ	80294	80294	80294

表7-10 审核考察期能源消耗折标煤量

能源名称	单位	年份1	年份2	年份3
电力	t	1948.22	1797.71	1953.05
天然气	t	1758.09	2047.19	1766.30
柴油	t	1060.91	1266.37	1100.31
汽油	t	1166.67	713.63	415.07
液化石油气	t	43.15	51.99	66.17
外购热力	t	2739.63	2739.63	2739.63
合计	t	8716.68	8616.53	8040.54

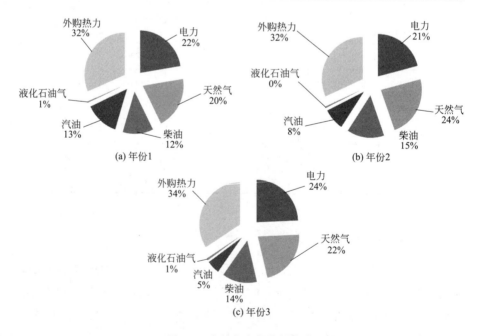

图7-6 审核考察期能耗构成

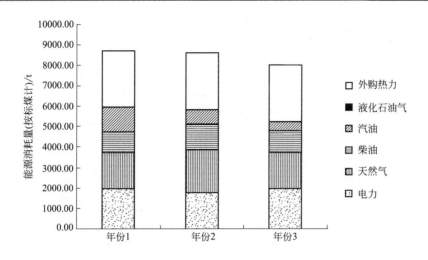

图 7-7　近 3 年能源消耗占比

7.2.2.5　水耗情况

企业用水主要包括洗车用水、办公生活用水，年消耗量呈现明显的先下降后上升趋势，如图 7-8 所示。

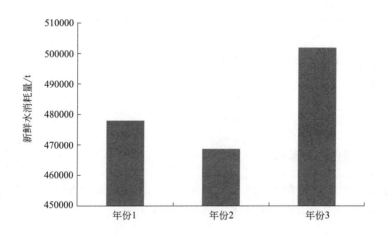

图 7-8　审核考察期新鲜水消耗情况

7.2.2.6　主要污染物排放及控制情况

项目主要污染物排放及控制情况如表 7-11 所列。

表 7-11 项目主要污染物排放及控制情况一览表

污染物种类	污染物名称	主要有害成分	处理措施
废水	含油废水	COD_{cr}、SS、氨氮、石油、阴离子表面活性剂	处理后回用于洗车、清洁厂房、绿化、冲厕所
	洗车废水		
	洗浴废水		
	生活污水		处理后排入市政污水管网
废气	喷烤漆废气	NO_x、SO_2、烷烃类、烟尘、粉尘等	经活性炭吸附处理后排入大气
	电瓶间酸雾		经吸附处理后排入大气
	腻子打磨粉尘		经除尘器净化处理后排入大气
	锅炉烟气		经烟囱直接排入大气
	食堂油烟		经油烟净化器处理后排入大气
固体废物	废机油、含油废物	废矿物油	外委有资质的公司负责处理
	涂料废物	废涂料及包装物	
	废铅蓄电池、废灯管、废防冻液、废活性炭	重金属、矿物油类等	
	汽车损坏零部件	—	外售给废品回收单位
	生活垃圾	—	市政环卫部门处理
噪声	设备噪声	—	采取消声、隔声、减振等降噪措施后实现厂界噪声达标

7.2.2.7 清洁生产水平现状评价

综合对比《清洁生产评价指标体系 汽车维修及拆解业》计算该汽修企业清洁生产水平,得分为 86.5 分,达到清洁生产的先进水平。

7.2.2.8 确定审核重点

通过分析原材料和能源的消耗情况、废物的排放情况及存在的清洁生产机会,确定本轮清洁生产审核重点为公司的九分厂。

7.2.2.9 设置清洁生产目标

本轮清洁生产审核目标如表 7-12 所列,审核目标涵盖全公司和审核重点,主要指标包括单车耗新鲜水量、单车综合能耗以及环保涂料占比等。

表 7-12 清洁生产审核目标设置一览表

序号	目标对象	清洁生产指标	单位	现状	近期目标 绝对量	近期目标 相对量/%	中期目标 绝对量	中期目标 相对量/%
1	全厂	单车耗新鲜水量	m³/车	5.09	5.08	−0.19	5.00	−1.57
2		单车综合能耗（按标煤计）	t/车	0.084	0.083	−1.19	0.080	−4.76
3	九分厂	单车耗新鲜水量	m³/车	15.16	13.00	−14.25	12.00	−20.84
4		单车综合能耗（按标煤计）	t/车	0.089	0.088	−1.12	0.080	−10.11
5		环保涂料占比	%	70	75	+5	80	+10

7.2.3 审核

7.2.3.1 审核重点物料平衡分析

企业物料平衡如图 7-9 所示。

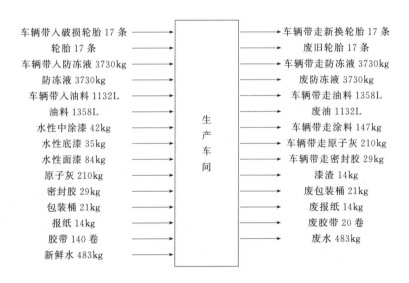

图 7-9 企业物料平衡示意

在漆工作业中，由于车窗玻璃有密封胶，喷漆完成后密封胶上会覆盖漆物，喷漆后需刮掉原来的密封胶，重新用密封胶进行密封，造成原材料的浪费，可改进喷漆工艺，计划设计合适的铝条遮盖密封胶后再进行喷漆。

7.2.3.2 审核重点VOCs平衡分析

九分厂VOCs平衡如表7-13所列。

表7-13 审核重点VOCs平衡测试结果表

输入			输出		
名称	单位	数量	名称	单位	数量
水性中涂漆带入VOCs	kg	2.45	苯	kg	0.48
水性底漆带入VOCs	kg	2.22	甲苯	kg	0.76
水性面漆带入VOCs	kg	9.45	二甲苯	kg	3.00
			非甲烷总烃	kg	0.92
			活性炭去除VOCs	kg	8.96
总计	kg	14.12	总计	kg	14.12

注：1kg水性底漆的VOCs含量为76g/L，1kg水性中涂漆的VOCs含量70g/L，1kg水性面漆的VOCs含量135g/L。1L涂料约为1.2kg；苯、甲苯、二甲苯、非甲烷总烃排放量按检测报告计算，实测期间喷烤期房工作时间约为31h。

根据物料实测数据，建立VOCs平衡示意见图7-10。

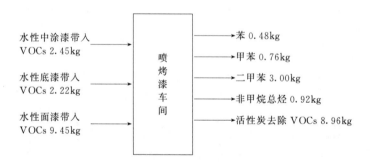

图7-10 VOCs平衡示意

7.2.3.3 审核重点水平衡实测和分析

水平衡如图7-11所示。

结合水平衡测算结果，审核工作小组对审核重点用水情况分析如下所述
① 根据图7-11可知，实测期总取水量为723t，总用水量为708t，损耗量为15t，损耗率为2.07%，主要的损失原因为管网漏损与水表误差。

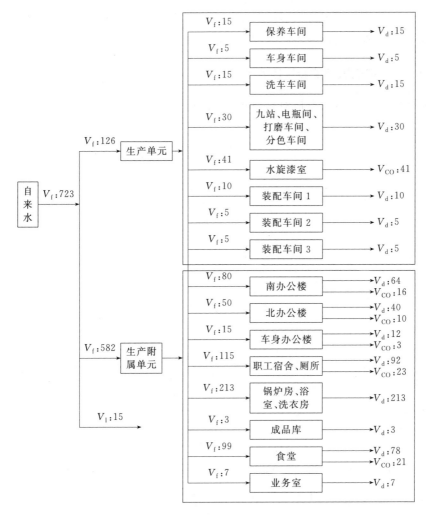

图 7-11 水平衡示意（单位：t/d）

V_f—新鲜水量；V_{CO}—耗水量；V_d—排水量；V_l—漏损量

② 九分厂实测期间实际总用水量为 708t，包括生产单元用水为 126t（主要为保养车间、车身车间、洗车车间、电瓶间、打磨车间、分色车间、水旋漆室、装配车间等用水，其中生产用水主要耗水为车间洗手池所用），生产附属生活系统耗水 582t，占总用水量 82.2%，耗水点为办公楼、宿舍、浴室等。

③ 耗水最大的为生活用水，可通过加强节水管理减少新鲜水耗；其次洗车用水和锅炉冷却水直接排放，可考虑回用。目前洗车采用高压喷枪进行

人工洗车，洗车废水直接通过沉淀池沉淀泥沙后进行排放，造成水浪费；计划对洗车间进行改造，将洗车用水循环使用，减少新鲜水消耗。

7.2.3.4 审核重点能量平衡实测和分析

企业主要环节用电情况如图 7-12 所列。

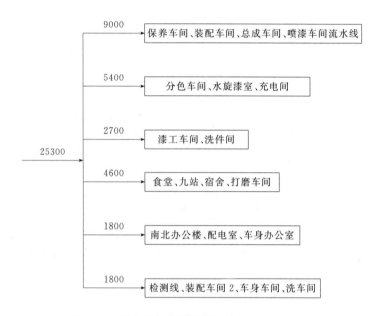

图 7-12 用电平衡实测结果（单位：kW·h/d）

九分厂有 5 台变压器为全厂提供生活、生产用电，但是由于没有对各车间进行分表计量，因此无法计算电损耗，建议企业加强电计量表配备。

7.2.4 审核方案的产生与筛选

部分清洁生产方案如表 7-14 所列。

表 7-14 清洁生产方案一览表

方案编号	方案名称	技术可行性	环境效益	经济效益	实施难易程度	对服务的影响	结论
F1	燃气锅炉代替燃煤锅炉	√	√	√	√	√	√
F2	更换太阳能加热系统	√	√	√	√		√
F3	新增光鼓光布除尘器	√	√	√	√	√	√

续表

方案编号	方案名称	技术可行性	环境效果	经济效益	实施难易程度	对服务的影响	结论
F4	新增超声波清洗机	√	√	√	√	√	√
F5	新增后机舱清洗机	√	√	√	√	√	√
F6	新增车载发电机除尘装置	√	√	√	√	√	√
F7	新增洗件间蒸汽计量表	√	√	√	√	√	√
F8	新增空气滤清器滤芯清洗机	√	√	√	√	√	√
F9	更换充电设备	√	√	√	√	√	√
F10	更换脉冲烟尘净化器	√	√	√	√	√	√
F11	建立健全危险废物管理制度	√	√	√	√	√	√
F12	对污水处理间水管进行保温处理	√	√	√	√	√	√
F13	钣金车间新增除尘设备	√	√	√	√	√	√

7.2.5 中/高费方案可行性分析

7.2.5.1 燃气锅炉代替燃煤锅炉

(1) 方案介绍

随着《北京市清洁空气行动计划》和《加快压减燃煤促进空气质量改善的工作方案》等环保政策的出台，北京市加大了空气污染治理力度，环保局对企业的气体排放要求越来越严格，因此必须进行燃煤锅炉改造。

现有燃煤锅炉 4 台，2 台 4t 热水锅炉用于冬季采暖，供热面积 22650m^2；1 台 4t 蒸汽锅炉用于两喷两烤涂装线的生产供热及车间供热（供热面积 1728m^2），1 台 2t 蒸汽锅炉停用。计划新增 2 台 4t/h 燃气热水锅炉，1 台 6t/h 燃气蒸汽锅炉代替现用的燃煤锅炉。通过锅炉改造，减少 SO_2 排放，提高锅炉热效率，减少能量损失。本方案所用主要设备如表 7-15 所列。

表 7-15 设备一览表

序号	名称	型号规格	数量/台
1	整装燃油(气)锅炉 4t 热水锅炉	WNS2.8-1.0/95/70-Q	2
2	整装燃油(气)锅炉 6t 燃气蒸汽锅炉	WNS6-1.25-Y	1
3	4t 热水锅炉配套烟气冷凝器	PW	2

续表

序号	名称	型号规格	数量/台
4	6t 燃气锅炉配套烟气冷凝器	PW	1
5	循环水泵	$G=132$t/h, $H=38$m, 电机功率 $N=22$kW, 2 用 1 备	3
6	补水泵	$G=5.3$t/h, $H=32$m, 电机功率 $N=2$kW, 2 用 1 备	2
7	蒸汽锅炉给水泵	$G=8$m^3/h, $H=176$m, 1 用 1 备	2
8	全自动软水器	$Q=12$t/h, 流量兼时间型	1
9	分汽缸	$DN350$mm, $L=2.0$m	1
10	汽水取样冷却器	$PN1.6$MPa	1
11	轴流通风机	BT35-11-4.5, $Q=6658$m^3/h	4

(2) 技术可行性分析

燃气锅炉采用卧式内燃全湿背三回程结构。燃料通过燃烧器的喷嘴经压力雾化后，喷入炉膛进行燃烧。炉膛主要由波形炉胆组成，它能较好地承受锅炉在热胀冷缩时产生的伸缩变形。当高温烟气冲刷到炉膛的尾部时便通过回燃室再折返到第二程的螺纹烟管里。由于烟管的螺距，槽深是经最佳优化组合而取得的数据，因此它能有效地增强管内的烟气扰动，起到强化传热作用。当烟气到达炉前时又通过前烟箱进入第三回程束里，经过最后的冲刷放热后便通过烟囱排入大气。锅炉布置了足够的受热面积，超负荷能力强。锅炉本体采用湿背式三回程结构，能使热效率大大提高，一般均高出机械部规定的 5% 以上。

三回程结构锅炉应用广泛，技术成熟，安全可靠；方案符合国家和北京市推广清洁能源、降低环境污染的政策；本方案实施后对经营无影响，方案技术可行。

(3) 环境可行性分析

原锅炉燃煤量 950t/a，燃煤锅炉热效率 75%，燃气锅炉热效率 90%，原煤和天然气热值参考《综合能耗计算通则》，分别为 5000kcal/kg（1cal=4.1868J）和 8500kcal/m^3，则方案实施后要获得同等热量需要消耗天然气的量为：

$$950 \times 1000 \times 5000 \times 75\% \div 90\% \div 8500 = 465686 \text{（m}^3\text{）}$$

根据《综合能耗计算通则》，原煤折标煤系数为 0.7143kg/kg，天然气的折标煤系数为 1.2143kg/m³，则方案实施后的标煤节约量为：

$$950 \times 0.7143 - 465686 \times 1.2143 \div 1000 = 113.10(t)$$

按年燃煤950t，1t煤产生10000m³烟气，更换为燃气锅炉后，SO_2浓度减少50mg/m³、NO_x浓度减少50mg/m³、烟尘浓度减少10mg/m³，按100t煤可产生3.5t灰渣计算，年可减少 SO_2 0.48t、NO_x 0.48t、烟尘0.1t、灰渣33.25t。本方案环境可行。

（4）经济可行性分析

本方案总投资835.7万元，虽然没有经济效益，但是随着《北京市清洁空气行动计划》和《加快压减燃煤促进空气质量改善的工作方案》等环保政策的出台，属于必须实施的项目。

7.2.5.2 钣金车间新增除尘设备

（1）方案介绍

九分厂车身维修车间位于厂区北侧，其中第7工位到第20工位承担着客车修理中的焊接、切割、打磨工作。车身钣金由于装配精度及外观要求，必须对车身漆饰及腻子进行部分区域打磨，打磨时会产生大量粉尘，致使粉尘弥漫；在切割钢板时会产生大量烟尘，该烟尘从工件下方喷出，散发在车间内，致使车间烟尘弥漫。车身进行焊接作业时，焊丝、焊件在高温下发生蒸发、凝结和气化，产生大量的烟尘和气体。切割及焊接烟尘、打磨粉尘严重污染车间环境，危害工人职业健康，对环境和人身都造成污染。

为了有效改善工作区域空气环境，以保护工人身体健康，有效降低操作者患硅沉着病和肺尘埃沉着病等职业病概率，并使粉尘排放达到国家标准要求，使厂区及周边环境达到环保法规要求，九分厂针对客车车身修理过程中产生的粉尘及烟尘进行收集和处理，大大改善工作区域空气环境，以保护工人身体健康，并使粉尘排放达到国家标准要求。

（2）技术可行性分析

采用定点高效除尘设备与立体中央净化设备相结合的方式对钣金车间维修服务过程中产生的粉尘进行处理。定点高效除尘设备主要用于捕集打磨粉尘，依靠与定点高效除尘设备完全融合的钣金磨机在打磨的同时，将打磨作业产生的大部分粉尘吸走，进入收尘管网。立体中央净化设备主要收集并净化焊接、切割烟尘和定点除尘未吸走的少量粉尘。中央净化设备分为5套独立系统，设置3种捕集方式，分别为集尘罩、阿尔法臂及定点式地台收集。

集尘罩为半封闭式，主要用于捕集烟尘及粉尘。依靠气流运动，将有害物质吸入罩内。由于焊接烟尘运行轨迹是向上的，而打磨粉尘既有向上飘浮的也有向下飘落的，集尘罩位于客车斜上方，在风压作用下粉尘和烟尘可以迅速被吸入其中。阿尔法臂主要用于捕集焊接烟尘。阿尔法臂可任意拉伸、任意悬停、360度自由旋转、定位准确不偏移。在哪个部位焊接作业就将其置于哪个位置，特别是在捕集死角区域，在风机负压助力下迅速将焊接烟尘吸走。阿尔法臂软管为PVC与玻璃纤维合成材料，内衬螺旋支撑钢丝，耐酸、耐碱、耐腐蚀、耐高温，配有风量调节阀，可控制风量大小。定点式地台收集单元主要用于捕集打磨粉尘及切割烟尘。通过抽吸作用，在污染源附近把污染物全部吸收起来，结构简单，制造方便。考虑到切割烟尘主要向下飞溅以及向下飘落的打磨粉尘，根据客车切割位置，有针对性地设置定点式地台收集单元位置。

定点高效除尘设备和立体中央净化设备工艺流程分别见图7-13、图7-14。

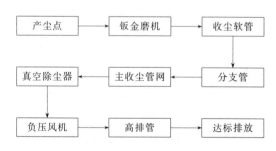

图7-13 定点高效除尘设备工艺流程

企业每个工位为一条生产线，第7工位到第20工位共14条生产线。每条生产线排布2列定向打磨组，共28列定向打磨组。每列定向打磨组设置3个活动接头，每条生产线配置一组定点除尘器。每套除尘系统可独立运行，自主选择使用。第7工位到第18工位每3条生产线配置1套中央除尘器，第19、20工位配置1套中央除尘器。实施本方案所用主要设备见表7-16。

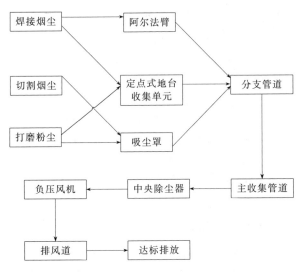

图 7-14 立体中央净化设备工艺流程

表 7-16 设备一览表

序号	项目	定点除尘器	立体中央除尘器	
1	类别	高压圆脉冲除尘器	模块脉冲除尘器	
2	数量/套	14	4	1
3	尺寸/mm	φ1260×2500	5400×2400×4300	4300×2400×4300
4	滤袋规格/mm	φ130×1000	φ160×2000	φ160×2000
5	滤袋数量/条	30	200	160
6	材质	涤纶针刺毡	涤纶针刺毡	涤纶针刺毡
7	允许入口烟气温度/℃	≤120	≤120	≤120
8	出口含尘浓度/(mg/m^3)	≤30	≤30	≤30
9	气源品质	普通	普通	普通
10	每台除尘器灰斗数/个	1	3	2
11	灰斗接口尺寸/mm	φ100	φ200	φ200
12	清灰方式	阻力变化	阻力变化	阻力变化

北京公交车辆数量逐年递增,中整修车辆数量也在不断扩大。而在中整修生产的车身维修车间除尘并不完善,国内许多生产车辆的厂家已经安装了除尘设备,该产品属于成熟产品,该方案技术可行。

(3) 环境可行性分析

本方案采用定点高效除尘设备与立体中央净化设备相结合的方式收集粉

尘、烟尘，处理后粉尘及烟尘排放浓度≤30mg/m³。按生产量估算，10条生产线每天产生粉尘 0.1t，全年工作 250 天，每年产生粉尘 25t。安装此套设备每年可减少粉尘排放量 25t。

（4）经济可行性分析

方案投资 750 万元，虽然没有经济效益，但是可以减少作业现场切割及焊接产生的烟尘、打磨产生粉尘，改善工作环境。

7.2.6 实施效果分析

清洁生产目标完成情况如表 7-17 所列。

表 7-17 清洁生产目标完成情况表

序号	目标对象	清洁生产指标	单位	现状	完成值		近期目标	
					绝对量	相对量/%	绝对量	相对量/%
1	全厂	单车耗新鲜水量	m³/车	5.09	5.08	−0.19	5.08	−0.19
2		单车综合能耗（按标煤计）	t/车	0.084	0.083	−1.19	0.083	−1.19
3	九分厂	单车耗新鲜水量	m³/车	15.16	12.07	−25.6	13.00	−14.25
4		单车综合能耗（按标煤计）	t/车	0.089	0.088	−1.12	0.088	−1.12
5		环保涂料占比	%	70	75	+5	75	+5

7.2.7 持续清洁生产

企业把审核成果纳入组织的日常管理轨道，特别是通过清洁生产审核产生的一些无/低费方案；在奖金、工资分配、提升、降级、上岗、下岗、表彰、批评等诸多方面充分与清洁生产挂钩，建立清洁生产激励机制；保证实施清洁生产所产生的经济效益全部或部分用于清洁生产。

7.3 汽车拆解行业清洁生产审核案例三

7.3.1 企业基本情况

某汽车拆解企业总占地面积 29430m²，厂房建筑面积为 15300m²，主要从事小型汽车拆解业务。年拆解车辆20000辆。

7.3.2 预审核

7.3.2.1 企业生产服务状况

该汽车维修企业主要服务项目有小型汽车拆解业务，主要设备设施包括空压机、剪断机、油压机、举升器、安全气囊引爆装置、汽车制冷剂收集装置、粉尘处理系统等。企业近3年运营情况如图7-15所示。

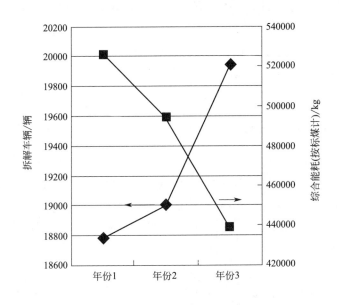

图 7-15 企业近 3 年运营情况

7.3.2.2 基础设施基本情况

（1）供水

本工程自来水由公司自来水网管供给。本项目总新水用水量为 $17.6 m^3/d$，其中生活用水为 $9.6 m^3/d$。

（2）排水

本项目排水系统收集厂址初期雨水和废水。初期雨水收集到新建的集水池中通过隔油处理后排入外围雨水管网；废水通过新建的隔油沉淀池预处理后，进入污水处理系统进一步处理。

（3）电力供应

本项目是对报废汽车进行拆解，所需电量主要用于拆解设备，用电量小，电力系统电源进线为1路10kV。厂区电力计量采用高供高量方式，电力系统共设一座配电室、1个箱式变压器。

（4）通风和废气处理系统

拆解车间安装4台功率为1kW通风扇，促进厂房空气循环对流，改善了工作环境，保障了职工身体健康。固废存储间安装2台功率为500W的通风扇。

在拆解车间破碎工段区安装一套废气处理系统，包括安装烟尘捕集装置、惯性除尘器以及一个15m高排气筒。

（5）照明系统

公司共有照明灯泡900支，其中节能灯共150支，节能灯比例16.7%。

（6）计量系统

一级能源计量器具应安装总数为2台（块），实际配备数量2台（块），配备率及完好率100%；二级能源计量器具应装数量3台（块），实际配备数量3台（块），其中电力仪表配备率100%，水计量仪表配备率100%。

7.3.2.3 资源利用情况

拆解车型是小型轿车，拆解过程中使用到丙烷、氧气，使用量见表7-18。

表7-18 报废汽车丙烷、氧气用量一览表

序号	名称	规格	消耗定额	备注
1	报废汽车	小型	20000 辆/a	—
2	丙烷	瓶装	2640 m^3/a	切割气体
3	氧气	瓶装	11880 m^3/a	助燃气体

7.3.2.4 能源消耗情况

企业电耗情况如图 7-16 所示。

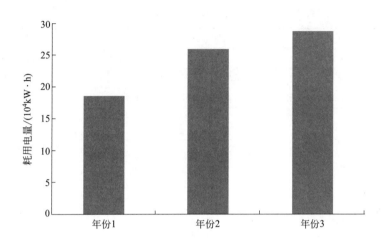

图 7-16　企业电耗用量统计

7.3.2.5 水耗情况

企业水耗情况如图 7-17 所示。

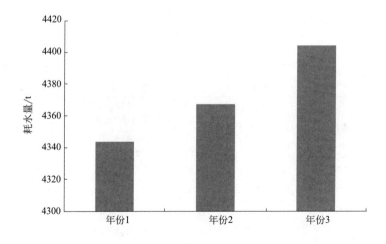

图 7-17　企业水耗情况统计

7.3.2.6 主要污染物排放及控制情况

表 7-19 为项目主要污染物排放及控制情况一览表。

表 7-19　项目主要污染物排放及控制情况一览表

污染物种类	污染物名称	污染物来源	主要有害成分	处理措施
废水	生活废水	—	COD_{Cr}、BOD_5、SS、NH_3-N	经处理后排入市政管网
	洗车废水	洗车场	COD_{Cr}、SS、石油类	经处理后循环使用
	车间冲洗废水	车间	COD_{Cr}、SS、石油类	经处理后循环使用
	食堂废水	食堂	COD_{Cr}、BOD_5、SS 和动植物油	经隔油池后排入市政管网
废气	金属粉尘		在压扁、粉碎过程中,会有少量的金属粉尘产生	烟尘捕集装置捕集＋惯性除尘器处理＋15m高排气筒排放
固体废物	废铅蓄电池	拆解车间	含有铅,但蓄电池仅进行拆除,不进行拆解。因此,该部分的铅均随蓄电池回收利用,不单独产生	委托有资质单位处置
	有色金属	拆解车间		分类外售各相关企业
	塑料	拆解车间	报废汽车上拆解下的塑料	外售各塑料回收企业
	玻璃	拆解车间	主要产生于车灯、反射镜及车窗	出售玻璃回收企业
	引爆后的安全气囊	拆解车间	尼龙	出售尼龙织布回收企业
	陶瓷	拆解车间	报废汽车上拆解下的陶瓷	出售各回收企业
	尾气净化装置	拆解车间	主要产生于汽车排气管,含尾气净化剂	委托有资质单位处置
	橡胶	拆解车间	报废汽车上拆解下的橡胶	出售各橡胶回收企业
	不可利用废物	拆解车间		委托当地环卫部门处置
	制冷剂	拆解车间	产生于汽车空调,含有氟利昂	委托有资质单位处置
	废油液	拆解车间	主要产生于发动机、气缸等。废油液包括汽油、柴油、机油、润滑油、液压油、制动液、防冻剂、防爆剂等	委托有资质单位处置
	钢铁	拆解车间	汽车拆解的钢铁	外售各钢铁回收企业
	可用零部件	拆解车间	可利用零部件	各零部件回收企业
	隔油沉淀池、污水处理站污泥及拆解过程沾上油污的手套和抹布等	污水站及拆解车间	隔油沉淀池、拆解过程沾上油污的手套和抹布等均含有废油	委托有资质单位处置
	生活垃圾	办公楼		委托当地环卫部门处置

7.3.2.7 清洁生产水平现状评价

该企业使用4000t水,其中约13%用于清洗车辆,该汽车拆解企业单车清洗耗新鲜水量为0.020t/t,高于《清洁生产评价指标体系 汽车维修及拆解业》中规定的单车耗新鲜水量0.009 t/t的标准值。

综合对比《清洁生产评价指标体系 汽车维修及拆解业》计算该汽车拆解企业清洁生产水平,得分为76分,符合清洁生产要求。达到清洁生产的一般水平。

7.3.2.8 确定审核重点

本轮清洁生产审核重点为水系统和电系统。

7.3.2.9 设置清洁生产目标

本轮清洁生产审核目标如表7-20所列。

表7-20 清洁生产审核目标设置一览表

序号	指标名称	现状值	近期目标	
			目标值	削减率
1	吨车综合能耗(按标煤计)	16kg/车	15kg/车	6.2%
2	吨车耗新鲜水量	0.2L	0.047L	76.5%

7.3.3 审核

7.3.3.1 水平衡测试

企业主要用水环节为车间清洗用水。项目用水占比如图7-18所示。

7.3.3.2 电平衡测试

项目电力消耗最大的为拆解车间动力用电,主要原因在于空压机、型钢剪断机、举升机、大梁油压机等设备用电较大。项目用电占比如图7-19所示。

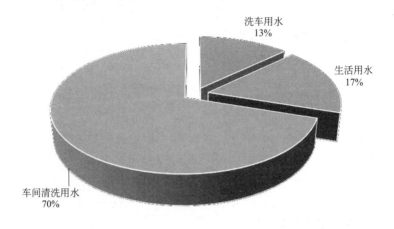

图 7-18 项目用水占比

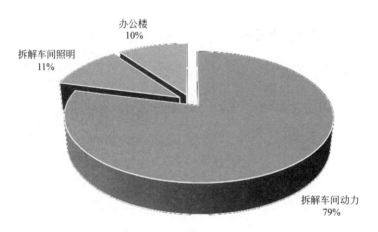

图 7-19 项目用电占比

7.3.4 审核方案的产生与筛选

部分清洁生产方案如表 7-21 所列。

表 7-21 清洁生产方案一览表

方案编号	方案名称	方案类型	技术可行性	实施可行性	环境效果	经济效果	结论
F1	更换为机械自动化拆解设备	中/高费	√	×	√	×	×
F2	切割设备改为气动切割	中/高费	√	×	√	×	√

续表

方案编号	方案名称	方案类型	技术可行性	实施可行性	环境效果	经济效果	结论
F3	回用洁净生活污水,管路及污水站改造	中/高费	√	√	√	√	√
F4	照明系统替换LED光源	中/高费	√	√	√	√	√
F5	固体废物分类收集记录	无/低费	√	√	√	√	√
F6	定期维修污水处理站设备	无/低费	√	√	√	√	√
F7	拆解车间节电	无/低费	√	√	√	√	√

7.3.5 中/高费方案可行性分析

7.3.5.1 人工更换为机械自动化拆解设备

（1）方案概述

利用报废汽车车身整体破碎及综合回收技术与处理线,全套流程为机械自动化拆解设备,代替人工操作。

（2）技术可行性

购置全套机械自动化拆解设备,代替人工操作。目前世界上美国、德国、日本、韩国均有成熟的全套设备解决方案,该设备全部采用机械自动化拆解,可大大降低人力使用,破碎程度高,分拣精细。目前国内万容公司自主研发了"报废汽车车身整体破碎及综合回收技术与处理线"。该生产线全部采用机械物理方式进行处理,具有自动化程度高、处理效率高、运行成本低、不产生二次污染等特点,设备首创两级破碎、涡流粉碎分离一体化技术,填补我国报废汽车处理设备的空白,达到了国际先进水平。该设备首先将报废汽车车身由升降翻转装置投入整机破碎设备,经过多道装置粉碎、分选后通过传送带将钢铁、有色金属、塑料、橡胶等一一分类回收,整个过程仅需6min。这项技术是对五大总成（发动机、方向机、变速器、前后桥、车架的统称）拆卸之后的报废汽车车身的整体破碎,资源的回收率高,其中钢铁回收率大于98%,有色金属回收率达85%,塑胶回收率高于60%。

（3）环境可行性

更换全套流程为机械自动化拆解设备,提高拆解效率,减少拆解成本,减少气体切割的使用,降低了环境风险和污染物排放。

(4) 经济可行性

项目投资3.5亿元,净现值－1.1亿元。环保潜力大,但经济不可行。

7.3.5.2 办公及车间区域光源替换为LED光源

(1) 方案概述

将办公及车间全部灯具分期替换为LED光源,第一期采用全部封场的方式对办公区全部改造。第二期将车间灯具替换为LED光源。

(2) 技术可行性

LED光源技术作为新一代节能光源,相比普通节能灯具有很多优势,如LED光源不含重金属汞,使用低压电源,具有高光效、低功耗、适用性强、寿命长、响应时间短、耐频繁开关、光衰小等优点,且采用集成封装技术后解决了LED散热难题,采用高效率恒流源,功率因数0.97,采用一体化灯壳设计,既保证良好的散热效果,又延长了灯具的整体使用寿命,适用于办公楼、公共场所、酒店宾馆、商场和工业等照明,节能效果显著。

(3) 环境可行性

相对LED光源,普通灯具会造成汞污染,污染土壤水源,从而间接地污染食品,危害环境。而LED光源则不会造成上述污染。此外,将电耗较高的普通灯具更换为低电耗的LED节能灯,每年节电2.1×10^4kW·h。

(4) 经济可行性

该方案投资14.87万元,每年节约2万元。投资偿还期8.09年,内部收益率8.94%。

7.3.6 实施效果分析

该企业实施方案共投资78万元,方案全部实施后每年可节电8.45×10^4kW·h,减少用水量3960m³,产生经济效益7.6万元/a。

本轮清洁生产审核目标完成情况如表7-22所列。

表 7-22　清洁生产审核目标完成情况一览表

序号	指标名称	现状值	近期目标	
			完成值	削减率
1	吨车综合能耗(按标煤计)	16kg/车	15kg/车	6.2%
2	吨车耗新鲜水量	0.2L	0.047L	76.5%

7.3.7　持续清洁生产

企业通过开展清洁生产审核,制定了持续清洁生产计划,主要包括健全清洁生产管理机构、完善清洁生产管理制度、持续开展清洁生产宣传培训,进一步提高企业的各项与清洁生产水平相关的指标。

第8章 北京市汽车维修与拆解行业清洁生产组织模式和促进机制

8.1 清洁生产组织模式

8.1.1 健全政策标准体系

加强对汽车维修与拆解行业推行清洁生产的政策标准引导。在现有《清洁生产评价指标体系 汽车维修及拆解业》的基础上，制定《节能低碳技术产品推荐目录》等文件，发布面向汽车维修与拆解行业的清洁生产技术、工艺、设备和产品推荐目录。健全服务业重点行业领域的能源、水资源消费和污染排放计量、统计、监测、评价相关标准及管理规范。

及时开展清洁生产评价指标体系等相关标准的实施效果评估，评价汽车维修与拆解行业推行清洁生产工作取得的效果和存在的问题，根据国家和地方的节能环保工作要求和行业发展状况适时修订标准。

充分发挥行业协会、科研机构的作用，针对政府管理部门、企事业单位等不同对象，开展清洁生产相关法律法规、政策标准的宣贯和培训工作。

8.1.1.1 汽车维修行业

在《汽车维修业污染防治技术规范》的基础上提出汽车维修与拆解行

业的节能环保技术指南,指导企业从设备工艺、原料选择、过程控制、末端治理等方面规范运行,提升节能环保水平。

推进"绿色汽修工程",制定发布"绿色汽修指导书",指导企业开展"绿色汽修"创建试点,引导汽车维修企业树立绿色修车的理念,增强企业管理人员和工作人员的环境保护、节能增效意识,促进企业积极使用新设备、新工艺、新材料,加大技术创新力度,形成源头削减和过程减排相结合的绿色发展路径。

8.1.1.2 汽车拆解行业

按照《生产者责任延伸制度推行方案》《循环发展引领计划》《报废汽车回收管理办法》等政策文件的指导,建立完善废旧零部件再制造的技术规范和政策体系,促进拆解技术的不断升级,畅通废旧零部件高效回收利用渠道,降低拆解过程资源消耗和环境污染,提高回收利用率。

建立完善废旧零部件再制造产品的质量评估体系,保障再制造产品的安全性和使用寿命。

8.1.2 完善审核方法体系

研究完善汽车维修与拆解行业清洁生产评估管理方法学。完善汽车维修与拆解行业清洁生产审核单位名单制度,考虑以综合能耗、资源消耗量、污染物排放量等为依据,筛选需要开展清洁生产审核的单位,确保将清洁生产审核补助经费落到实处,见到实效。利用强制性清洁生产审核名单制度,综合考虑资源能源消耗、环境污染、产业结构调整等因素,定期公布强制性清洁生产审核单位名单。

研究完善汽车维修与拆解行业清洁生产审核基础方法学。以现有清洁生产审核的方法学为基础,研究完善针对汽车维修与拆解行业识别清洁生产审核重点的综合性、系统性方法学。针对行业的能流、物质流、水流和污染排放系统,研究能量审核、物质流分析以及关键污染因子平衡分析等清洁生产专项审核方法。

编制发布不同层面的清洁生产规范性技术文件。编制发布汽车维修与拆解行业清洁生产实施指南;建立清洁生产审核绩效跟踪与后评估机制,研究建立审核绩效评估方法。

8.1.3 构筑组织实施体系

8.1.3.1 健全政府机制引导

落实《清洁生产促进法》相关要求,建立完善由清洁生产综合协调部门牵头,汽车维修与拆解业主管部门参与的组织推进体系,健全汽车维修与拆解行业清洁生产协调联动的工作机制,形成多部门统筹协调、齐抓共管的服务业清洁生产促进合力。

8.1.3.2 完善清洁生产制度

引导企业强化环境责任,选取汽车维修与拆解行业中的典型单位,试点建立内部清洁生产组织机构,建立清洁生产责任制度。将清洁生产目标纳入单位发展规划,组织开展清洁生产。引导企业在经营过程中,加强汽车消费者、上游供货商等行为主体共同参与清洁生产、绿色消费的活动,做到采购、物流、服务等全过程的污染综合防控。支持总部型企业制定统一的企业清洁生产管理制度,自上而下统筹推进清洁生产。支持汽车维修与拆解行业龙头企业把清洁生产理念延伸到供应链的相关企业,共同实施清洁生产,打造绿色产业链。

8.1.3.3 加强组织与推进实施

发挥汽车维修与拆解行业协会、社会团体的作用,鼓励汽车维修与拆解行业成立行业清洁生产中心或技术联盟,指导汽车维修与拆解企业推行清洁生产,加强清洁生产技术装备研发和应用推广,提高行业内部自主清洁生产审核和实施能力。理顺汽车维修企业、汽车拆解企业、零部件再制造企业的产业链,拓宽废旧零部件高效回收利用渠道。

8.1.4 搭建市场服务体系

8.1.4.1 建立信息服务系统

建设覆盖汽车维修与拆解行业的清洁生产信息服务系统,向社会提供有关清洁生产方法和技术、可再生利用的废物供求以及清洁生产政策等方面的信息和服务。

① 信息资讯与交流平台网络，宣传和推广清洁生产企业和成熟的清洁生产技术，连接企业和技术市场。

② 建立政府清洁生产项目在线申报网络，实施清洁生产审核及项目网上申报。

③ 建立清洁生产技术服务单位与专家数据库、清洁生产项目库、清洁生产审核单位数据库，实现清洁生产工作的信息化和系统化。

8.1.4.2 构建技术支撑体系

鼓励汽车维修与拆解行业龙头企业积极与高校、科研院所开展清洁生产技术研究、应用和推广，共建清洁生产技术推广服务平台或行业清洁生产促进联盟。支持节能环保企业和规划设计研究咨询机构，大力开发面向汽车维修与拆解行业清洁生产的技术、设备与解决方案，开展管理创新研究。

汽车维修行业重点发展方向包括以下几项。

(1) 大力研发推广水性涂料

目前，使用水性涂料替代溶剂型涂料已经成为行业发展趋势，部分汽车品牌维修企业已经使用了水性涂料，但是水性化比例较低，仅有色漆实现了水性化，底漆、中涂和罩光漆仍然为溶剂型，挥发性有机物源头削减的空间还比较大，应大力研发推广水性涂料。

(2) 提高涂装作业技术水平

汽车维修作业具有小批量、多品种的特点，无法实现流水线操作，多采用空气喷涂，目前，高效率的喷枪例如高流量低压力喷枪得到了应用，其理论涂料利用效率能够达到65%，但实际操作中由于各种涂料的雾化压力并不相同，工人根据经验控制喷枪压力，因此应探索建立科学的操作规程，实现精细过程控制。

(3) 推广高效污染治理工艺装备

汽车维修行业突出的环境问题是废气污染，近年来，挥发性有机废气的处理工艺不断发展，等离子技术、光催化氧化、冷凝等方法不断出现，在充分论证技术适用性和有效性的基础上，推广成熟适用的处理工艺。

(4) 探索行业运行新模式

汽车维修行业分散，且多分布于城市人口密集区域，周边环境敏感点多。探索在远离人口密集区域建立集中喷烤漆中心，采用流水线生产，提高技术装备水平和污染防治水平。

汽车拆解行业重点发展方向包括以下两项。

(1) 应用推广机械化拆解线

应用推广机械自动化拆解设备，提高拆解效率，减少拆解成本，减少气体切割的使用，降低环境风险和污染物排放。

(2) 探索废旧零件资源再生利用体系

根据国家对再制造的要求，探索建立汽车拆解企业对废旧汽车零件进行分类、评价的标准，对接零件再制造企业，形成循环经济发展模式。

8.1.4.3 培育咨询服务市场

① 鼓励发展服务业清洁生产审核及相关的能源审计、合同能源管理、节能监测等节能环保中介服务业，支持中介机构提升服务业清洁生产业务能力。

② 加强对服务业清洁生产审核等中介服务机构的培育扶持、监督管理，完善市场准入和退出机制，不断规范服务市场。

③ 鼓励北京市服务业清洁生产审核等中介服务机构面向京津冀地区乃至全国进行拓展，形成服务北京、辐射全国的服务业清洁生产市场服务体系。

8.1.5 夯实基础支撑体系

科学细化能耗、水耗计量。对汽车维修与拆解行业中能耗较大的企业，试点开展智能化能源计量器具配备工作，推动各重点企业逐步规范能源、水计量器具配备。鼓励重点企业安装具有在线采集、远传、智能功能的能源、水计量器具，逐步推动企业建立能源计量管理系统，实现计量数据在线采集、实时监测。加强能源计量工作审查评价。

健全汽车维修与拆解行业能耗水耗统计，试点开展物耗统计。结合汽车维修与拆解行业的能耗、水耗特点，研究建立详细的汽车维修与拆解企业业务量能耗统计指标及评价方法。分析不同汽车维修与拆解企业的能耗、水耗与物耗特点及其投入产出绩效，支持以企业为主体试点开展物耗统计和物质流平衡分析。

第8章 北京市汽车维修与拆解行业清洁生产组织模式和促进机制

加强汽车维修与拆解行业污染物排放监测。加强监测汽车维修企业喷烤漆房、调漆房排放的苯系物、非甲烷总烃等大气污染物，监测汽车拆解企业车间排放的非甲烷总烃、颗粒物等大气污染物。根据技术成熟情况，适时推广应用污染物在线监测设备。

8.1.6 创建示范引导体系

创建一批汽车维修与拆解行业清洁生产示范项目。支持有条件的汽车维修与拆解业企业高标准实施一批从初始设计、建设、改造到消费全过程，以技术、管理和行为为一体的综合改造示范项目，为同行业深入开展清洁生产改造树立标杆。发布汽车维修与拆解行业清洁生产典型项目案例，开展清洁生产交流和成果展示，推广成熟的清洁生产技术和解决方案。

创建一批汽车维修与拆解行业清洁生产示范单位。围绕建立清洁生产管理体系、规范开展清洁生产审核、采用清洁生产先进技术、系统实施清洁生产方案等内容，培育一批高标准汽车维修与拆解行业清洁生产的示范单位，树立典型，带动其他企业全面实施清洁生产。探索建立汽车维修与拆解行业清洁生产行为诚信体系，引导相关单位自愿开展清洁生产。

8.2 清洁生产鼓励政策及约束机制

8.2.1 鼓励政策

8.2.1.1 资金支持

支持汽车维修与拆解企业开展清洁生产审核。以北京市为例，通过清洁生产审核评估的单位可享受审核费用补助。对实际发生金额 10 万元以下的审核费用给予全额补助，实际发生金额超过 10 万元以上的部分给予 50% 补助，最高审核费用补助额度不超过 15 万元。

以《北京市清洁生产管理办法》为例，对清洁生产实施单位在审核中提出的中/高费项目给予一定资金支持。根据实施单位全部清洁生产项目的综合投入、进度计划、进展情况及预期成效等方面，确定补助项目及补助资金。单个项目补助标准原则上不得超过项目总投资额的 30%，总投资额大于 3000 万元（含）的中/高费项目原则上应纳入政府固定资产投资计划；单个项目补助金额最高不超过 2000 万元。中/高费项目补助资金分批拨付，清洁生产绩效验收前拨付 70% 补助资金，剩余资金在实施单位通过清洁生产绩效验收后拨付。

8.2.1.2 表彰奖励

建立清洁生产表彰奖励制度，对在清洁生产工作中做出显著成绩的单位和个人给予表彰和奖励。各级政府、汽车维修与拆解行业协会、实施单位应当根据实际情况建立相应清洁生产表彰奖励制度，对表现突出的人员，给予一定的奖励。汽车维修与拆解行业主管部门优先推荐通过清洁生产绩效验收的实施单位，参加国家和地方组织的先进单位评比、试点示范单位创建活动。鼓励财政部门对通过清洁生产绩效验收的实施单位给予资金奖励。

8.2.1.3 税收优惠

税收作为一种重要的经济手段，对清洁生产的推行具有重要的引导与刺激作用。因此，改革资源税与消费税，如扩大资源税的征税范围，对以难降解、有污染的物质为原料，仍沿用落后技术和工艺进行生产的可能导致环境污染的产品，以及一次性使用的产品要征收资源税和消费税。开征环境税，并不是简单地增加企业的税负，而是在总税负基本不变的情况下，调整税收结构，通过税收对企业的环境绩效进行评判，奖优罚劣。具体来说，环境税应实行超额累进税率，充分体现污染者付费、多污染多付费的原则。通过"绿色税收改革"，促进清洁生产的推广。

探索在汽车维修与拆解行业推行环保"领跑者"制度。如符合"领跑者"要求的单位，实行环保税收优惠政策。

8.2.2 约束机制

8.2.2.1 建立环境准入和淘汰机制

综合考虑污染物排放标准、清洁生产评价指标体系、取水定额、能耗限额等标准要求，建立完善汽车维修与拆解行业环境准入制度。在汽车维修与拆解项目审批和建设阶段，强调绿色设计，采用绿色原料和绿色工艺，从源头降低资源能源消耗和污染物排放。在运营阶段,根据相关行业准入制度的要求,针对资源能源消耗、污染物排放等问题开展专项检查工作,对不符合要求的项目限期治理或淘汰。

8.2.2.2 依法开展清洁生产审核

根据《中华人民共和国清洁生产促进法》第三十九条,不实施强制性清洁生产审核或者在清洁生产审核中弄虚作假的,或者实施强制性清洁生产审核的企业不报告或者不如实报告审核结果的,由县级以上地方人民政府负责清洁生产综合协调的部门、环境保护部门按照职责分工责令限期改正;拒不改正的,处 5 万元以上 50 万元以下的罚款。

以《北京市清洁生产管理办法》(京发改规〔2013〕6 号)为例,北京市对清洁生产审核实行名单管理制度,纳入审核名单的实施单位应按要求组织清洁生产审核。其中强制性审核实施单位在名单公布之日起 2 个月内向相关部门提交审核计划,1 年内向相关部门提交清洁生产审核报告,同时向社会媒体公布清洁生产目标、改进措施、实施周期等审核结果,接受公众监督,涉及商业秘密的除外。

8.2.2.3 建立信息公开制度

做好信息公开。清洁生产管理部门应定期发布开展清洁生产审核、通过清洁生产审核评估和通过绩效验收的单位名单。实施强制性清洁生产审核的单位应当按规定进行信息公开,将审核结果在本区主要媒体上公布,接受公众监督,涉及商业秘密的除外。

8.2.2.4 严格环境监督管理

行业主管部门应严格执行环境管理和监督。对不采用清洁生产工艺和技术的服务业企事业单位,限制其经营许可的颁发,金融机构不予贷款;对严重污染环境,能耗、水耗过高的单位,不采用清洁生产工艺、技术进行技术改造的,行业主管部门不得批准其恢复运营。

参考文献

[1] 国务院. 打赢蓝天保护卫战三年行动计划[EB/OL]. (2018.07.03) [2018.12.15]. http://

www.gov.cn/zhengce/content/2018-07/03/content_5303158.htm.

[2] 北京环境保护局. 关于全面加强生态环境保护坚决打好北京市污染防治攻坚战的意见 [EB/OL] (2018.07.12) [2018.12.15]. http://www.bjepb.gov.cn/bjhrb/xxgk/fgwj/fgwi/tzgg/834784/index.html.

[3] 北京市人民政府. 北京市打赢蓝天保卫战三年行动计划 [EB/OL]. (2018.09.07) [2018.12.15]. http://zhengce.beijing.gov.cn/library/192/33/50/438650/1565680/index.html.

[4] 北京市进一步严格汽车维修企业环境监管实施方案(京环办〔2018〕120号).

附录

行业政策类文件和技术类文件

附录1 政策类文件

附录1.1 《关于促进汽车维修业转型升级 提升服务质量的指导意见》

《关于促进汽车维修业转型升级 提升服务质量的指导意见》（交运发〔2014〕186号）规定：

通过5年左右努力，推动汽车维修业基本完成从规模扩张型向质量效益型的转变，市场发育更加成熟，市场布局更趋完善，市场结构更趋优化，市场秩序更加公平有序，市场主体更加诚信规范，资源配置更加合理高效，对汽车后市场发展引领和带动作用更加显著；基本完成从服务粗放型向服务品质型的转变，为人民群众提供更加诚信透明、经济优质、便捷周到、满意度高的汽车维修和汽车消费服务。

促进行业转型升级：鼓励连锁经营，促进市场结构优化；鼓励规模化发展，提升资源配置效率；鼓励专业化维修，提升业态发展水平；鼓励品牌化发展，充实行业发展内涵；促进行业安全发展，筑牢行业发展基石；推广绿色维修作业，促进行业可持续发展；实施汽车检测与维护制度，促进行业生态文明建设。

改善提升维修服务：限制滥用汽车保修条款，保障消费者维修选择权；加强行业诚信建设，营造放心修车环境；强化维修标准化、规范化作业，提升维修服务质量；广泛开展便民服务，提升行业服务效能；建立健全汽车维修救援体系，提供有效出行保障；建立健全维修质量纠纷调解和投诉处理机制，维护消费者合法权益。

保障措施：建立实施汽车维修技术信息公开制度；破除维修配件渠道垄断；加强维修人才队伍建设；提高维修装备技术水平；推进维修行业信息化建设；依法加强维修市场监管；加大部门政策服务和联合监管；加强行业政策标准研究；发挥行业中介组织自律作用。

附录1.2 《北京市环境保护局关于加强机动车维修和拆解企业危险废物管理工作的通知》

《北京市环境保护局关于加强机动车维修和拆解企业危险废物管理工作的通知》（京环发〔2010〕147号）指出：

① 各维修、拆解企业要强化主体责任意识，法定代表人为第一责任人；加强危险废物管理体系和制度建设，设立专门管理机构和专（兼）职管理岗位，安排专人负责危险废物污染防治工作。

② 各维修、拆解企业要建立危险废物管理台账，主要记录各类与危险废物相关的原材料、配件等的购置数量，危险废物的产生种类和数量、出入库时间、贮存、处置、利用等情况。

③ 各维修、拆解企业必须依法向所在区县环保部门申报登记危险废物的种类、产生量、流向、贮存、处置、利用等情况。申报登记内容发生重大改变的，应当在申报登记内容发生改变之日起十五日内向原登记机关申报变更。

④ 各维修、拆解企业必须建设专用的危险废物贮存设施或专用贮存区域，做到危险废物分类收集、分区存放，并设置危险废物警示标志；贮存设施须有防渗的硬化地面及泄漏液体收集装置；废铅蓄电池存放的区域，地面须采取防腐、防渗处理。

⑤ 各单位对机动车维修、拆解过程中产生的危险废物，必须按照国家有关规定交由有危险废物经营许可证资质的单位处置，不得违反规定自行处置或焚烧利用。转移危险废物的，应严格执行国家危险废物转移联单制度。

⑥ 市、区县环保部门将加大环境监管力度，会同交通、公安、商务、城管等部门对全市机动车维修、拆解企业危险废物污染防治工作落实情况进

行联合执法检查或专项检查,发现违法行为将依法予以处罚。

附录1.3 《北京市大气污染防治条例》

《北京市大气污染防治条例》(北京市人民代表大会常务委员会公告 第2号)规定:

机动车维修等项目,应当设置油烟、异味和废气处理装置等污染防治设施并保持正常使用,防止影响周边环境。

在居民住宅楼、未配套设立专用烟道的商住综合楼、商住综合楼内与居住层相邻的商业楼层内,禁止新建、改建、扩建产生油烟、异味、废气的机动车维修等项目。

机动车维修单位应当具备维修资质,按照技术规范对排放不达标的机动车进行维修,确保机动车排放达标。

附录1.4 《湖北省机动车维修业管理办法》

《湖北省机动车维修业管理办法》(湖北省人民政府令第264号)规定:

维修业户应当具备与其经营类别及项目相适应的场地、设备、设施、专业技术人员、健全的机动车维修管理制度、必要的环境保护措施等条件。

禁止不具备危险货物运输车辆维修资质条件的维修业户承修危险货物运输车辆。

维修业户应当在许可证明核定的作业场所进行作业,并在经营场所的醒目位置悬挂机动车维修标志牌或机动车检测标志牌。

附录1.5 《广州市机动车维修管理规定》

《广州市机动车维修管理规定》(广州市人民政府令 第19号)规定:

机动车维修经营者不得占用道路、建筑物退让带、消防通道或者其他公共场所进行维修作业,选择经营场所和进行维修作业应当遵守环境保护、安全生产和市容环境卫生等有关规定,并采取必要措施保证安全生产、防止污染周边环境和影响居民正常生活。

附录1.6 《关于加强机动车维修与拆解行业危险废物管理的通知》

《关于加强机动车维修与拆解行业危险废物管理的通知》(新疆维吾尔自治区环境保护厅,2014年7月8日)规定:

① 各级环保部门要加大对辖区动车维修与拆解单位的日常检查和排查工作,摸清辖区内机动车维修和拆解单位数量及危险废物产生情况,并将其纳入日常环境监管工作当中,严厉打击违法转移和非法经营危险废物的活动。

② 各级环保部门应积极做好辖区机动车维修与拆解单位危险废物转移申请的审批工作,危险废物类型固定、危险废物收集单位固定的,原则上一次可批复1年。

③ 依据《危险废物经营许可证管理办法》的规定,县级环保部门负责颁发从事机动车维修活动中产生的废矿物油危险废物收集经营许可证,县级环保部门应根据辖区机动车维修和拆解企业的实际情况,以满足需求控制过量的原则确定废矿油收集单位的总体规模。

④ 县级环保部门须对申请单位的条件进行严格审查,不具备条件的不予颁发危险废物收集经营许可证。

⑤ 县级环保部门每年应将颁发危险废物收集经营许可证的情况以及经营单位年度经营情况上报地州市级环保部门,地州市级环保部门汇总后每年1月底前上报自治区环保厅。

附录2 技术类文件

附录2.1 《汽车维修业开业条件 第1部分:汽车整车维修企业》

《汽车维修业开业条件 第1部分:汽车整车维修企业》(GB/T 16739.1—2014)部分内容如下:

应建立健全组织管理机构,设置经营、技术、业务、质量、配件、检验、档案、设备、生产和安全环保等管理部门并落实责任人。应建立完善的质量管理体系。应有现行有效的与汽车维修有关的法律、法规、规章和标准等文件资料。

应建立并实施与其维修作业内容相适应的安全管理制度和安全保护措施。

应制定各类机电设备的安全操作规程，并明示在相应的工位或设备处。使用与存储有毒、易燃、易爆物品和粉尘、腐蚀剂、污染物、压力容器等，均应具备相应的安全防护措施和设施。安全防护设施应有明显的警示、禁令标志。生产厂房和停车场应符合安全生产、消防等各项要求，安全、消防设施的设置地点应明示管理要求和操作规程。应具有安全生产事故的应急预案。

应具有废油、废液、废气、废水（以下简称"四废"）、废蓄电池、废轮胎、含石棉废料及有害垃圾等物质集中收集、有效处理和保持环境整洁的环境保护管理制度，并有效执行。有害物质存储区域应界定清楚，必要时应有隔离、控制措施。作业环境以及按生产工艺配置的处理"四废"及采光、通风、吸尘、净化、消声等设施，均应符合环境保护的有关规定。涂漆车间应设有专用的废水排放及处理设施，采用干打磨工艺的，应有粉尘收集装置和除尘设备，并应设有通风设备。调试车间或调试工位应设置汽车尾气收集净化装置。

附录2.2 《汽车维修业开业条件 第2部分：汽车综合小修及专项维修业户》

《汽车维修业开业条件 第2部分：汽车综合小修及专项维修业户》（GB/T 16739.2—2014）部分内容如下：

使用与存储有毒、易燃、易爆物品和粉尘、腐蚀剂、污染物、压力容器等均应具备相应的安全防护措施和设施。作业环境以及按生产工艺配置的处理"四废"及采光、通风、吸尘、净化、消声等设施，均应符合环境保护的有关规定。

附录2.3 《汽车维修业水污染物排放标准》

《汽车维修业水污染物排放标准》（GB 26877—2011）部分内容如下：

自2012年1月1日起至2012年12月31日止，现有企业执行表1规定的水污染物排放限值。

表1 现有企业水污染物排放限值

单位：mg/L（pH值除外）

序号	污染物项目	限值		污染物排放监控位置
		直接排放	间接排放	
1	pH值	6～9	6～9	企业废水总排放口

续表

序号	污染物项目	限值 直接排放	限值 间接排放	污染物排放监控位置
2	悬浮物(SS)	30	100	企业废水总排放口
3	化学需氧量(COD)	100	300	
4	五日生化需氧量(BOD_5)	30	150	
5	石油类	5	10	
6	阴离子表面活性剂(LAS)	5	10	
7	氨氮	15	25	
8	总氮	25	30	
9	总磷	1	3	

自2013年1月1日起，现有企业执行表2规定的水污染物排放限值。

自2012年1月1日起，新建企业执行表2规定的水污染物排放限值。

表2 新建企业水污染物排放限值

单位：mg/L（pH值除外）

序号	污染物项目	限值 直接排放	限值 间接排放	污染物排放监控位置
1	pH值	6～9	6～9	企业废水总排放口
2	悬浮物(SS)	20	100	
3	化学需氧量(COD)	60	300	
4	五日生化需氧量(BOD_5)	20	150	
5	石油类	3	10	
6	阴离子表面活性剂(LAS)	3	10	
7	氨氮	10	25	
8	总氮	20	30	
9	总磷	0.5	3	

根据环境保护工作的要求，在国土开发密度已经较高、环境承载能力开始减弱，或环境容量较小、生态环境脆弱，容易发生严重水环境污染问题而需要采取特别保护措施的地区，应严格控制企业的污染物排放行为，在上述地区的企业执行表3规定的水污染物特别排放限值。

执行水污染物特别排放限值的地域范围、时间，由国务院环境保护行政主管部门或省级人民政府规定。

表3　水污染物特别排放限值

单位：mg/L（pH值除外）

序号	污染物项目	限值		污染物排放监控位置
		直接排放	间接排放	
1	pH值	6～9	6～9	企业废水总排放口
2	悬浮物（SS）	10	20	
3	化学需氧量（COD）	50	60	
4	五日生化需氧量（BOD$_5$）	10	20	
5	石油类	1	3	
6	阴离子表面活性剂（LAS）	1	3	
7	氨氮	5	10	
8	总氮	15	20	
9	总磷	0.5	0.5	

现有企业和新建企业单位基准排水量按表4的规定执行。

表4　单位基准排水量

单位：m^3/辆

序号	车型	限值	污染物排放监控位置
1	小型客车	0.014	排水量计量位置与污染物排放监控位置相同
2	小型货车	0.05	
3	大、中型客车	0.06	
4	大型货车	0.07	

附录2.4　《工业企业厂界环境噪声排放标准》

《工业企业厂界环境噪声排放标准》（GB 12348—2008）部分内容如下：工业企业厂界环境噪声不得超过表5规定的排放限值。

表5　工业企业厂界环境噪声排放限值

单位：dB（A）

边界处声环境功能区类型	时段	
	昼间	夜间
0	50	40
1	55	45
2	60	50
3	65	55
4	70	55

附录2.5 《报废机动车拆解环境保护技术规范》

《报废机动车拆解环境保护技术规范》（HJ 348—2007）部分内容如下：

新建报废机动车拆解、破碎企业应经过环评审批，选址合理，不得建在城市居民区、商业区及其他环境敏感区内；原有报废机动车拆解、破碎企业如果在这一区域内，应按照当地规划和环境保护行政主管部门要求限期搬迁。

报废机动车拆解、破碎企业内的道路应采取硬化措施，并确保在其运营期间无破损。

报废机动车拆解企业的厂区应划分为不同的功能区，包括管理区；未拆解的报废机动车贮存区；拆解作业区；产品（半成品）贮存区；污染控制区（即各类废物的收集、贮存和处理区）。

报废机动车拆解、破碎企业应实行清污分流，在厂区内（除管理区外）收集的雨水、清洗水和其他非生活废水应设置专门的收集设施和污水处理设施。

报废机动车拆解和破碎企业应有完备的污染防治机制和处理环境污染事故的应急预案。

报废机动车拆解、破碎企业应采用对环境污染程度最低的方式拆解、破碎报废机动车。鼓励采用固体废物产生量少、资源回收利用率高的拆解、破碎工艺。

应在报废机动车进入拆解企业后检查是否有废油液的泄漏。如发现有废油液的泄漏应立即采取有效的收集措施。

禁止露天拆解、破碎报废机动车。

报废机动车中的废制冷剂应用专用工具拆除并收集在密闭容器中，不得向大气排放。

禁止在未获得相应资质的报废机动车拆解、破碎企业内拆解废蓄电池和含多氯联苯的废电容器，禁止将蓄电池内的液态废物倾倒出来。应将废蓄电池和含多氯联苯的废电容器贮存在耐酸容器中或者具有耐酸地面的专用区域内。

报废机动车拆解、破碎企业产生的各种危险废物在厂区内的贮存时间不得超过1年。

拆解过程产生的危险废物应按照类别分别放置在专门的收集容器和贮存

设施内，有危险废物识别标志、标明具体物质名称，并设置危险废物警示标志。液态废物应在不同的专用容器中分别贮存。

拆除的各种废弃电子电器部件，应交由具有资质的处置单位进行处理处置。

拆解得到的可回收利用的零部件、再生材料与不可回收利用的废物应按种类分别收集在不同的专用容器或固定区域，并设立明显的区分标识。

报废机动车拆解、破碎企业厂区收集的雨水、清洗水和其他非生活废水等应通过收集管道（井）收集后进入污水处理设施进行处理，并达到排放标准后方可排放。

报废机动车拆解、破碎企业应按照环境保护措施验收的要求对污染物排放进行日常监测；应建立拆解、破碎报废机动车经营情况的记录制度，如实记载每批报废机动车的来源、类型、重量（数量）、收集（接收）、拆解、破碎、贮存、处置的时间，运输单位的名称和联系方式，拆解、破碎得到的产品和不可回收利用的废物的数量和去向等。监测报告和经营情况记录应至少保存3年。

拆解、破碎过程不得对空气、土壤、地表水和地下水造成污染。

附录2.6 《汽车维修业大气污染物排放标准》

《汽车维修业大气污染物排放标准》（DB11/T 1228—2015）部分内容如下：

现有污染源自该标准实施之日起至2016年12月31日止执行第Ⅰ时段的排放限值，自2017年1月1日起执行第Ⅱ时段的排放限值。

新建污染源自该标准实施之日起执行第Ⅱ时段的排放限值。

无组织排放监控点浓度限值、排气筒高度要求以及工艺措施和管理要求自该标准实施之日起执行。

汽车维修过程中使用的处于即用状态的涂料挥发性有机物含量限值（以单位体积涂料中挥发性有机物的质量浓度计，g/L）应执行表6规定的限值。

表6 涂料挥发性有机物含量限值

单位：g/L

涂料种类	Ⅰ时段	Ⅱ时段
底漆	670	540
中涂	550	540
底色漆（效应颜料漆、实色漆）	750	420

续表

涂料种类	Ⅰ时段	Ⅱ时段
罩光清漆	560	480
本色面漆	580	420

汽车维修过程中，喷烤漆房排气筒大气污染物排放应执行表7规定的限值。

表7 喷烤漆房排气筒大气污染物排放限值

单位：mg/m³

污染物项目	Ⅰ时段	Ⅱ时段
苯	1	0.5
苯系物	20	10
非甲烷总烃	30	20

汽车维修过程中，喷烤漆房加热炉排气筒大气污染物排放应执行表8规定的限值。

表8 加热炉排气筒大气污染物排放浓度限值

单位：mg/m³

污染物项目	Ⅰ时段	Ⅱ时段
颗粒物	30	10
二氧化硫	200	20
氮氧化物	200	100

无组织排放监控点大气污染物浓度应执行表9规定的限值。

表9 无组织排放监控点大气污染物浓度限值

单位：mg/m³

监控位置	苯	苯系物	非甲烷总烃	颗粒物
厂房外或露天操作工位旁	0.10	1.0	2.0	1.0

附录2.7 《公共生活取水定额 第7部分：洗车》

《公共生活取水定额 第7部分：洗车》（DB11/ 554.7—2012）部分内容如下：

洗车取水定额见表10。

表10 洗车取水定额

单位：L/辆次

洗车方式	取水定额值	洗车方式	取水定额值
手工洗车	22	自动洗车	31

管理要求如下：

① 完善健全的计量系统，一级水表计量率达到100%，洗车取水应单独计量；有完善的计量台账。

② 洗车站点应配备循环用水设施，循环率应达到80%。

③ 节水器具应符合 CJ 164，安装率应达到100%。

附录 2.8 《机动车维修业开业条件 第 1 部分：汽车整车维修企业》

《机动车维修业开业条件 第 1 部分：汽车整车维修企业》（DB32/T 1692.1—2010）环境保护条件部分内容如下：

① 企业应具有废油、废液、废蓄电池、废轮胎、废刹车片及垃圾等有害物质集中收集、有效处理和保持环境整洁的环境保护管理制度并有效执行。有害物质存储区域应界定清楚，必要时应有隔离、控制措施。

② 作业环境以及按生产工艺配置的处理"三废"（废油、废液、废料）、通风、吸尘、净化、消声等设施，均应符合有关规定。在居民楼下从事钣金、涂漆的，应提供符合相关规定的环境评估报告。

③ 涂漆车间应设有专用的废水排放及处理设施，采用干磨工艺的，应有粉尘收集装置和除尘设备，应设有通风设备。

④ 调试车间或调试工位应设置汽车尾气收集装置。

附录 2.9 《机动车维修业开业条件 第 2 部分：汽车快修业户》

《机动车维修业开业条件 第 2 部分：汽车快修业户》（DB32/T 1692.2—2010）部分内容如下：

应配备表 11 规定的基本设备，其规格和数量应与企业生产纲领和工艺相适应。

表 11 汽车快修企业设备基本配置

序号	名称	其他要求	序号	名称	其他要求
1	外部清洗机		6	汽车空调冷媒加注回收设备	▲
2	废油收集机		7	喷油嘴清洗检测设备	
3	润滑油、脂加注器		8	不解体油路清洗设备	▲
4	自动变速箱油更换加注器		9	汽车举升机	不少于 2 台
5	制动液更换加注器		10	车用数字万用表	

续表

序号	名称	其他要求	序号	名称	其他要求
11	汽车检测用压力表		14	轮胎动平衡机	
12	电脑解码仪	△	15	四轮定位仪	△▲
13	轮胎轮辋拆装设备		16	尾气分析仪	△▲

注：标有△，从事连锁经营的，在设区的市范围内可以互协；标有▲，在高速公路服务区从事快修服务的，在设区的市范围内可以外协。

附录2.10 《机动车维修业开业条件　第4部分：危险货物运输车辆维修企业》

《机动车维修业开业条件　第4部分：危险货物运输车辆维修企业》（DB32/T 1692.4—2010）部分内容如下：

危险货物运输车辆维修企业配备设备的型号、规格、数量应与其生产纲领、生产工艺、危险货物特性相适应；设备技术状况应完好，满足加工、检测准确的要求和使用要求。

从事危险货物运输车辆维修的企业，应设置在城市的边缘或者相对独立的安全地区。远离人群集中的繁华地带，并符合GB 50016—2006的要求。

危险货物运输车辆维修企业应建立并实施注重安全防护的维修服务流程，应执行维修经营许可证和标志牌悬挂制度、收费备案及公示制度、机动车维修记录制度、机动车维修合同制度、机动车维修费用结算清单制度、配件管理制度、维修质量保证期制度、维修质量竣工检验与竣工出厂合格证制度、机动车维修档案制度、统计信息报送制度等管理制度，按照DB32/T 1227的要求提供规范化服务。

危险货物运输车辆维修企业应由有资质的第三方对其安全生产状况进行评估，评估报告报所在地道路运输管理机构和安监部门备案，作为行政许可和管理的依据。

附录2.11 《机动车维修业开业条件　第5部分：摩托车维修业户》

《机动车维修业开业条件　第5部分：摩托车维修业户》（DB32/T 1692.5—2010）部分内容如下：

业户应具有与其维修作业内容相适应的安全管理制度和安全保护措施，

建立并实施安全生产责任制。安全保护措施、消防设施等应符合有关规定。

生产厂房应符合安全、环保和消防等相关要求。

业户应具有废油、废液、废料、废蓄电池、废轮胎及垃圾等有害物质集中收集、有效处理和保持环境整洁的环境保护制度。

作业环境以及按生产工艺配置的处理"三废"（废油、废液、废料）、通风、吸尘、净化、消声等设施应符合有关规定。

附录2.12 《汽车维修业污染防治技术规范》

《汽车维修业污染防治技术规范》（DB11/T 1426—2017）内容如下。

汽车维修业污染防治技术规范

1 范围

本标准规定了汽车维修业选址及污染防治的技术要求。

本标准适用于汽车整车维修企业、汽车综合小修及专项维修业户。

2 规范性引用文件

下列文件对于本文件的应用是必不可少的。凡是注日期的引用文件，仅所注日期的版本适用于本文件。凡是不注日期的引用文件，其最新版本（包括所有的修改单）适用于本文件。

GB/T 7701.1　煤质颗粒活性炭　气相用煤质颗粒活性炭

GB 12348　工业企业厂界环境噪声排放标准

GB 15562.2　环境保护图形标志　固体废物贮存（处置）场

GB 18597　危险废物贮存污染控制标准

GB 26877　汽车维修业水污染物排放标准

HJ 2026　吸附法工业有机废气治理工程技术规范

JT/T 324　汽车喷烤漆房

DB11/ 307　水污染物综合排放标准

DB11/ 501　大气污染物综合排放标准

DB11/ 996　城乡规划用地分类标准

DB11/T 1038　在用汽车喷烤漆房安全使用综合评价规则

DB11/ 1195　固定污染源监测点位设置技术规范

DB11/ 1228　汽车维修业大气污染物排放标准

3 术语和定义

下列术语和定义适用于本文件。

非原位再生吸附处理工艺 non-onsite regenerated absorption technology 吸附剂不在挥发性有机物处理装置中直接处理再生的吸附处理技术工艺。

4 选址

4.1 汽车维修业新建、改建、扩建项目选址应符合国家和地方相关规定及 DB11/ 996 等要求。

4.2 在居民住宅楼、未配套设立专用烟道的商住综合楼、商住综合楼内与居住层相邻的商业楼层内，禁止新建、改建、扩建汽车维修项目。

5 污染防治要求

5.1 大气污染防治

5.1.1 挥发性有机物污染防治

挥发性有机物污染防治应符合以下要求：

a) 汽车涂装过程中使用的处于即用状态的涂料挥发性有机物含量应符合 DB11/ 1228 要求；

b) 应记录使用的涂料、稀释剂、固化剂、清洗剂等原辅材料的种类、数量及挥发性有机物的含量，至少保存 3 年；

c) 调漆作业应在密闭空间内进行，产生的含挥发性有机物废气应经活性炭等处理设施处理后达标排放；

d) 喷漆作业应采用高效喷涂设备，使用有机溶剂清洗喷枪的，应采用密闭洗枪设备，或在密闭设施内清洗并配备挥发性有机物处理设施；

e) 喷漆、烤漆作业应在符合 JT/T 324 和 DB11/T 1038 要求的喷烤漆房内进行，废气经处理设施处理后达标排放；

f) 喷烤漆房排气筒排放的污染物应符合 DB11/ 1228 要求，调漆室排气筒排放的污染物应符合 DB11/ 501 要求，排气筒应设置废气排放口图形标志并按照 DB11/ 1195 的规定设置废气采样口和采样平台，无组织排放监控点大气污染物应符合 DB11/ 1228 要求；

g) 采用非原位再生吸附处理工艺，每万立方米/小时设计风量的吸附剂使用量不应小于 1 立方米，更换周期不应长于 1 个月；

h) 吸附剂的性能参数应符合 GB/T 7701.1 和 HJ 2026 的相应要求；

i) 非原位再生或废弃的吸附剂在转移处理前应采用密闭容器贮存，防止被吸附的挥发性有机物挥发；

j) 应建立挥发性有机物处理运行台账，至少保存3年。

5.1.2 其他废气污染防治

其他废气污染防治应符合以下要求：

a) 切割、焊接、干打磨工位应设置单独隔离间或隔离帘，并配备固定式、摇臂式、移动式等过滤除尘装置，干打磨工位应配备无尘干磨设施；

b) 喷烤漆房宜采用电加热装置，非电加热装置应设置专门的废气排气筒，排放的污染物应符合DB11/1228要求；

c) 机修调试工位应设置汽车尾气收集净化装置。

5.2 水污染防治

5.2.1 汽车维修企业宜采用超声波工艺清洗零件。清洗过程产生的含油废水应集中收集，并采用截油器、油水分离器等除油设施进行预处理。

5.2.2 洗车房应配备水循环设施，水循环利用率不低于70%。宜使用再生水作为清洗用水。

5.2.3 废水排口应设置废水排放口图形标志，直接向环境排放的污染物应符合DB11/307要求，污水处理系统排放的污染物应符合GB 26877要求。

5.3 危险废物污染防治

5.3.1 汽车维修过程中产生的危险废物主要包括废有机溶剂与含有机溶剂废物，废矿物油与含矿物油废物，染料、涂料废物，含汞废物，石棉废物，其他废物，废催化剂，详见表1。

表1 汽车维修过程中产生的危险废物分类表

序号	废物类别	废物代码	名称及来源
1	废有机溶剂与含有机溶剂废物	HW06	零件清洗过程废弃的有机溶剂、专业清洗剂、保养更换的防冻液等
2	废矿物油与含矿物油废物	HW08	维修保养过程中废弃的柴油、机油、刹车油、液压油、润滑油、过滤介质（汽油、机油过滤器）；清洗零件过程废弃的汽油、柴油、煤油、沾染油污的锯末、抹布、棉丝等
3	染料、涂料废物	HW12	维修过程使用涂料（不包括水性漆）作业产生的废物：废涂料及漆渣；喷烤漆房使用后的空气过滤介质；沾染涂料的废纸、胶带等
4	含汞废物	HW29	废含汞荧光灯管及其他废含汞电光源
5	石棉废物	HW36	车辆制动器衬片的更换产生的石棉废物
6	其他废物	HW49	废弃的铅蓄电池、废涂料桶、废喷漆罐、废电路板、未引爆的安全气囊及安全带等
7	废催化剂	HW50	废汽车尾气净化催化剂

5.3.2 危险废物应分类收集贮存，贮存设施设计、运行应符合 GB 18597 要求，警示标志设置应符合 GB 15562.2 要求。

5.3.3 应配备专门的废油、废液收集设备，宜采用管道集中供油、收集废油，以减少废油桶产生量，避免废油转移过程遗撒。

5.3.4 废有机溶剂、废矿物油等液态危险废物盛装量不应超过容器容积的 3/4。

5.3.5 含有挥发性有机物的危险废物应放入密闭容器中贮存。

5.3.6 破损的铅蓄电池应贮存在耐酸容器中。

5.3.7 盛装危险废物的容器应按照 GB 18597 要求粘贴危险废物标签。

5.3.8 危险废物应交由持有相应危险废物经营许可证的单位收集、利用、处置，并执行转移联单制度。

5.3.9 建立危险废物管理台账，记录危险废物产生的种类、数量和贮存、利用、处置等情况，至少保存 3 年。

5.3.10 应制定危险废物意外事故的防范措施和应急预案，并定期开展培训和演练。

5.4 噪声污染防治

5.4.1 产生噪声的作业宜在室内进行。

5.4.2 厂界环境噪声排放按照 GB 12348 要求执行。